井波律子著

奇人と異才の中国史

岩波新書

934

まえがき

本書『奇人と異才の中国史』は、春秋時代の孔子から、近代の魯迅に至るまで、約二五〇〇年にわたる中国史の流れのなかで、さまざまな分野において活躍した五十六人の異色の人材を時代順にとりあげ、彼らの生の軌跡をたどったものである。対象とした五十六人のうちわけは、文章家、芸術家、思想家、歴史家、政治家等々、まことに多岐にわたる。また、本書では、医者、冒険家、科学者、芸人など、従来、紹介される機会の少なかった分野の人々もとりあげた。彼らは歴史の表舞台で活躍した人々のかげで、裏方としてひそやかに、しかししっかりと歴史のドラマの進行を支えた人々なのである。

それぞれ迫力のこもった、瞠目すべき生涯を送った五十六人の軌跡を具体的にたどってみると、人が時代を作り、時代が人を作るということが、今さらのように実感される。周知のとおり、中国の正史は個人の伝記を連ねる「列伝体」のスタイルで書かれている。五十六人の奇人・異才の小伝を連ねた本著も、『奇人と異才の中国史』というタイトルが示すように、個々人の波乱万丈の生涯を追跡しながら、多角的な視点から、中国の長い歴史をたどりなおすことをめざしたものである。

ここでとりあげた五十六人のなかには、秦の始皇帝や李白のようによく知られた人物はむろんのこと、万斯同《ばんしどう》や趙翼《ちょうよく》（いずれも清の歴史家）のように、特記すべき仕事をのこしながら、あまり知られていない人物もかなり含まれる。彼らの実像をよりリアルなかたちで紹介するために、それぞれの小伝のあとに、彼ら自身が作った詩文あるいは書や画、また史書に収録された本伝などを掲載した。原文と日本語訳を対照させながら、彼らのなまの声を聞き取っていただければ幸いである。

それでは、前口上はこのくらいにして、とびきりの奇人と異才が織り成す中国史の世界に船出することにしよう。

目　次

Ⅱ 統一王朝の興亡……65
——「白髪三千丈、愁いに縁って 箇の似く長し」（李白の詩より）

Ⅰ　古代帝国の盛衰

「二世三世　万世に至り、之を無窮に伝えん」
——始皇帝の言葉より

1　すべての始まり——春秋・戦国・秦・漢

孔子《こうし》——「仁」と「礼」の政治を求めて

思想家
春秋
前551–前479

儒家思想・儒教の祖、孔子《こうし》あざな仲尼《ちゅうじ》(本名は孔丘《こうきゅう》)は諸国が分立した春秋《しゅんじゅう》時代(前七七〇―前四〇三)の乱世に、魯《ろ》の国で生まれた。孔子は低い階層の出身であり、父母は正式に結婚した夫婦ではなかったとされる。幼くして両親を失い、貧窮のうちで成長した孔子は苦労して学問を修めた結果、三十代で優秀な学者と認められ、しだいに弟子もふえた。

孔子は優秀な学者であると同時に、現実の社会や政治に関与することを望んだ。やがて孔子の宿願がかなえられる日がくる。紀元前四九九年、魯の君主定公《ていこう》が学者として名声の高い孔子を抜擢し、大司寇《だいしこう》(法務大臣)に任命したのである。当時、他の国々と同様、魯でも下剋上《げこくじょう》の嵐が吹き荒れ、三桓《さんかん》と称される三公族(君主の一族)がやりたい放題だった。定公は孔子がこれを抑える役割を果たしてくれることを願い、孔子もかねて崇拝する周公旦《しゅうこうたん》(周王朝創設の功労者)の理想政治を再現しようと、懸命に努力した。しかし、三桓を打倒することはできず、あえなく失脚し、紀元前四九七年、魯を去るに至る。このとき、孔子はすでに五十五歳であった。以来、孔子は十四年にわたり、「仁(思いやり)」と「礼(道徳慣習)」を基礎とする自分の政治理念を理解してくれる君主を求めて、諸国を遊説した。しかし、ついに彼の主張に耳を傾けてくれる君主にめぐりあうことができなかった。のみならず、旅の途中で三度も生命の危機にさらされるなど不運つづきで、「累累《るいるい》として喪家《そうか》の狗《いぬ》の若《ごと》し(ぐったり疲れて宿無しの犬のようだ)」と酷評されるしまつだった。ただ、孔子の諸国行脚《あんぎゃ》には、孔子を敬愛する大勢の弟子が随行しており、これが大いなる救いであった。ちなみに、孔子は青白い知識人ではなく、身長九尺六寸(二一六センチ)の堂々たる偉丈夫であり、「長人」と呼ばれたという。心身ともに強靭でなければ、これほど長期にわたる放浪生活を敢然と続行することはできなかったであろう。

紀元前四八四年、六十八歳のときに、孔子は得ることの少なかった諸国遊説の旅をきりあげ、魯に帰った。以後、七十三歳で死去するまで、弟子たちの教育に力をそそぐ一方、後世、「五経《ごきょう》」と総称される儒家思想の五種の聖典、すなわち『書経《しょきょう》』『礼経《れいきょう》』『詩経《しきょう》』『易経《えききょう》』『春秋』の整理・編纂に専念する日々を送る。付言すれば、『論語』は弟子たちが著した孔子の言行録である。ここには、孔子と優等生の顔回《がんかい》や暴れん坊の子路《しろ》をはじめ、ユニークな弟子たちの対話が臨場感ゆたかに再現されている。挫折や失敗に屈することなく、ときにはユーモアをまじえつつ、自分の思想を伝えようとする孔子。常に師に問いかけながら、その教えの真髄を吸収しようとする弟子。『論語』はこうした師と弟子の自由な対話のなかから、原始儒家思想が形づくられてゆくさまをいきいきと描いた稀有《けう》の記録である。

◆孔子の言葉より『論語』為政《いせい》篇

吾《わ》れ十有五《じゆうゆうご》にして学《がく》に志《こころざ》し、三十《さんじゆう》にして立《た》つ。四十《しじゆう》にして惑《まど》わず。五十《ごじゆう》にして天命《てんめい》を知《し》る。六十《ろくじゆう》にして耳順《みみした》がう。七十《しちじゆう》にして心《こころ》の欲《ほっ》する所《ところ》に従《した》がって、矩《のり》を踰《こ》えず。

私は十五歳で学問をしようと決心し、三十歳で学問の基礎ができあがった。四十歳のとき、自分の学問や生き方に自信がもてるようになり、五十歳のときには、天から与えられた自分の使命を悟った。六十歳になると、自分と異なる意見を聞いても反発しなくなり、七十歳になると、心のおもむくままにふるまっても、人間としての道にはずれなくなった。

商鞅 しょうおう——冷酷非情の法律家

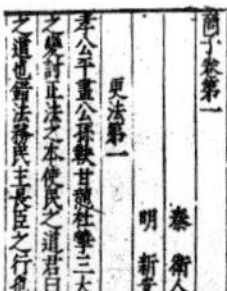
商子巻第一
秦　衛人公
明　新安程
更法第一
孝公平畫公孫鞅甘龍杜摯三大夫
之慮世事之變討正法之本使民之道君曰代
之道也錯法務民主長臣之行也今

政治家
戦国
前390?–前338

春秋時代につづき、「戦国七雄《せんごくしちゆう》」と呼ばれる七国（韓《かん》・魏《ぎ》・趙《ちょう》・斉《せい》・燕《えん》・楚《そ》・秦《しん》）が覇を競う戦国時代（前四〇三―前二二一）となる。商鞅《しょうおう》（公孫鞅《こうそんおう》あるいは衛鞅《えいおう》ともいう）は、この戦国時代、秦《しん》の孝《こう》公（前三六一―前三三八在位）に仕え、辣腕をふるった有能な政治家である。

商鞅はもともと小国衛《えい》の出身であり、法律や刑罰を重視する刑名《けいめい》の学に通暁していた。彼は衛王の庶出の公子だったが、没落の一途をたどる衛の国では腕のふるいようがなく、まず魏《ぎ》の宰相公叔座《こうしゅくざ》に仕えた。公叔座は商鞅の能力を高く評価し、重病にかかったさい、魏王にむかって、自分の死後、商鞅を後任の宰相とするか、さもなくば、すぐに殺して国外に出さないようにと進言した。公叔座はまだ無名の商鞅の恐るべき行政能力を見抜いていたのである。しかし、魏王はこの進言を聞き流した。おかげで、商鞅は公叔座の死後、事もなく魏を立ち去り、秦に向かうことができたのだった。

ってをたどって商鞅は秦の孝公と会見し、厳格な法や制度を施行して、秦を強力な中央集権国家に改造すべきだと自説を述べた。この意見に共鳴した孝公は、紀元前三五九年、商鞅を「変法《へんぽう》」すなわち国家改造計画の責任者に任命した。

思う存分、手腕を発揮しうるポストについた商鞅は、綿密な国家改造計画を立案し、着実に成果をあげた。彼はこの計画において、民衆レベルでは厳格な相互監視制度を設け、秦の王族など上級クラスに対しても、軍事的実績に応じて厳密な等級付けをおこなうなど、人々を上から下まで区分けし、効率よく管理してゆこうとした。

なんとも気の滅入る冷酷な管理手法だが、こうした商鞅の変法は大成功をおさめ、秦の国内はみるみる整備された。孝公はこれを機に、紀元前三五〇年、雍《よう》(陝西省宝鶏市北東《せんせいほうけい》)から咸陽《かんよう》(陝西省咸陽市)に遷都し、商鞅に命じて第二次変法を実施させた。こうしてさらに国家基盤を強化したうえで、遷都の十年後、商鞅の指揮する秦の大軍は隣国魏に進撃し、商鞅は策略を弄して魏軍を撃破、大勝利をおさめるに至る。商鞅を国外に出すなといった、かつての魏の宰相、公叔座の危惧は的中したのである。

この戦功によって、商鞅は商《しょう》・於《お》(河南《かなん》省商県)の領地を賜り、商君と呼ばれるようになる。孝公に仕えること二十有余年、順風満帆だった商鞅の人生は、紀元前三三八年、孝公が死去し、息子の恵文《けいぶん》王が即位したとたん暗転する。かつて法を犯して商鞅に処罰されそうになった苦い経験のある恵文王は、即位するや、商鞅を反乱罪で逮捕しようとしたのである。逃亡に失敗した商鞅は秦軍に殺害され、恵文王はその死骸を車裂きにしたというから、その怨みの深さが知れようというものだ。商鞅はこうして冷酷な政治手法のツケがまわって非業《ひごう》の最期を遂げたが、彼が実施した法重視と中央集権体制は、秦の基本方針としてうけつがれ、約百年後、始《し》皇帝の天下統一の最大の武器となった。

◆商鞅の伝記より『史記《しき》』商君列伝

商君亡《しょうくんに》げて関下《かんか》に至《いた》り、客舎《かくしゃ》に舎《しゃ》せんと欲《ほっ》す。客人其《かくじんそ》の是《こ》れ商君《しょうくん》たるを知《し》らざるなり、曰《いわ》く、「商君《しょうくん》の法《ほう》、人の験無《しるしな》きを舎《しゃ》する者《もの》は之《これ》に坐《ざ》せん」と。商君喟然《しょうくんきぜん》として歎《たん》じて曰《いわ》く、「嗟乎《ああ》、法《ほう》を為《な》すの敝《へい》、一《いっ》に此《ここ》に至《いた》るや」と。

商君は逃亡し、関所の下まで来て、宿屋に泊まろうとした。宿屋の者は、それが商君だとは知らずに、「商君さまの法により、手形をもたぬ旅人を泊めると連座して罰せられます」と言った。商君はふうっとため息をついて、「ああ、法を作った弊害がこれほどまでになるとは」と言った。

荘子《そうし》——路地裏で「天地自然」を語る

思想家
戦国
生没年不詳

老子《ろうし》とともに道家《どうか》思想の祖と目される荘子《そうし》（本名は荘周《そうしゅう》）は戦国時代の宋《そう》国蒙《もう》県（河南省）の出身。詳細な伝記は不明だが、司馬遷《しばせん》著『史記』「荘子伝」に、南の大国楚《そ》の威《い》王（前三三九―前三二九在位）が荘子を宰相にしようとしたとの記載があるところから、紀元前四世紀後半から三世紀初めに生きたと推定される。

荘子は若いころ、故郷の蒙県で漆園《うるしばたけ》の役人だったことがあるが、その後、仕官した形跡はない。彼の名声を伝え聞いた楚の威王から宰相にと望まれたときも、「肥え太らされて祭りの犠牲《いけにえ》になる牛よりも、泥まみれになって自由に遊び戯れているほうが、ずっとましだ。生涯、仕官せず、自分の志を快適にしたいだけだ」と、きっぱり拒絶したとされる。この事件以外、『史記』「荘子伝」にも具体的な経歴はみえない。ただ、荘子の著した『荘子《そうじ》』「列御寇《れつぎょこう》篇」に、路地裏に住み、草履《わらじ》を作っては売る貧乏暮らしをつづけ、痩せこけて顔色のわるい荘子の姿を戯画的に描いたくだりがある。名誉も栄達も望まず、ただ自由だけを求めた荘子は、おそらく貧しい路地裏の隠者的思想家として、生涯を送ったのであろう。

荘子の先輩にあたるもう一人の道家思想の祖、老子(生没年不詳)は、春秋《しゅんじゅう》時代の中ごろ、東周《とうしゅう》王朝の図書館に勤める役人だったが、やがて『老子(道徳経)』五千言を残して姿を消したとされる。老子の哲学は、社会のために有意義な行動(有為《ゆうい》)を重視する儒家思想とはおよそ異なる。人間は万物の根源たる「道」を知るために、「無為《むい》(何もせず)」「自然(あるがまま)」であることこそ大切だと、老子は説くのである。

荘子も老子と同様、無為自然を重視するが、両者の間にはそうとう差異がある。老子の無為自然には、世事に関わらなければ身の安全が保てるという、処世術につながる要素が認められる。一方、荘子の説く無為自然はもっと超越的であり、世間や社会など何のその、大いなる天地自然と一体化し、内なる自由の領域を拡大することをめざすのである。ちなみに、両者の哲学をあらわす書物『老子』と『荘子』も、前者が短い格言を集めた箴言《しんげん》集、後者が奇想天外な物語をあまた織り込んだ寓話集の性格をもつなど、きわめて対照的だ。

たとえば、「自然」であることがいかに大切かを語るとき、荘子は「混沌、七竅《しちきょう》に死す」(応《おう》帝王《ていおう》篇)の寓話をもちだす。宇宙の中心の神「混沌」はのっぺらぼうの存在だったが、他の神々が好意から、これに目・耳・口・鼻の七つの竅《あな》を毎日一つずつあけてやった。ところが、七日目すべての竅《あな》をあけ終わった瞬間、なんと混沌は絶命してしまう。人為的に本来の性格を加工することがいかに空しく、あるがままに自由であることがいかに大切か。荘子はこの寓話を通じて、百万言を費やすよりも鮮明に説きあかすのである。こうした興趣あふれる寓話を満載した『荘子』には、まさに中国古代奇想小説集といった趣きがある。

◆荘子の言葉より　『荘子』逍遥遊《しょうようゆう》篇

今《いま》、子《し》に大樹《たいじゅ》有りて其《そ》の無用《むよう》を患《うれ》う。何《なん》ぞ之《これ》を無何有《むかゆう》の郷《きょう》、広莫《こうばく》の野《の》に樹《う》え、彷徨乎《ほうこうこ》として其《そ》の側《かたわら》に無為《むい》にし、逍遥乎《しょうようこ》として其《そ》の下《した》に寝臥《しんが》せざる。斤斧《きんふ》に夭《き》られず、物《もの》の害《がい》する者《もの》無《な》し。用《もち》う可《べ》き所無《ところな》くも、安《いず》くんぞ困苦《こんく》する所《ところ》あらんや。

いま、あなたの所に大木が有って用いようがないと心配しておられます。それを何も存在しない土地、どこまでも広がる野原に植えて、そのかたわらで思うがままに休息し、その木陰でのびのびと寝そべることを、どうしてなさろうとしないのです。斤や斧で断ち切られることもなく、何物も害を加えることがありません。用いようがないからといって、悩む必要があるでしょうか。

秦《しん》の始皇帝《しこうてい》——不死を夢みた王者

皇帝
秦
前259–前210

紀元前二二一年、秦《しん》王政《せい》は五百年以上つづいた春秋戦国の乱世に終止符をうって天下を統一、秦王朝を立てて即位し、始《し》皇帝(前二二一—前二一〇在位)となった。法や制度を重視する合理主義者だった始皇帝は、まず全国を三十六郡に分け、官吏を派遣して行政にあたらせ、中央集権体制を確立した。また戦国時代、各国でまちまちだった度量衡《どりょうこう》、貨幣、車軌《しゃき》(車の両輪の幅)、文字を統一するなど、種々の制度を整備・統合した。

始皇帝が天下統一事業をすすめる過程で、重要な役割を担ったのは、丞相《じょうしょう》の李斯《りし》(?—前二〇八)である。もともと秦は、始皇帝の天下統一の約百年前、法や刑罰を重視する法家《ほうか》思想家の商鞅《しょうおう》を起用して、国家改造計画を実施し、大飛躍を遂げた歴史がある。この商鞅の思想や政治手法を継承した李斯は、強引な思想統制を断行した。紀元前二一三年におこった「焚書《ふんしょ》」事件の筋書きを書いたのも、実は李斯だった。焚書の狙いは、医学書や農業書などの実用書と、秦の歴史を記述した『秦記《しんき》』以外のすべての書物を没収、焼却して、思想統制の徹底化を図るところにある。

李斯の輔佐《ほさ》を得て、厳格な統治政策を推進する一方、巨大建築マニアの始皇帝は、首都咸陽《かんよう》に「阿房宮《あぼうきゅう》」をはじめ巨大宮殿を次々に造営し、咸陽郊外に壮麗な地下宮殿ともいうべき「驪山陵《りざんりょう》(始皇陵)」を建造するなど、手元に集中させた富をはなばなしく濫費《らんぴ》した。

こうして、なさざることなき大権力者となった始皇帝にも弱みがあった。死への恐怖である。不老不死を切望し、不滅願望のとりことなった始皇帝は、斉《せい》の方士《ほうし》(方術・魔術をつかう者)徐福《じょふく》に大船団を指揮させ、仙人の住む「東海の三神山(蓬莱《ほうらい》・方丈《ほうじょう》・瀛州《えいしゅう》)」のありかを探索させたのをはじめ、方士の言いなりになって、しばしば大金を投じ仙人や仙薬を捜索させた。焚書とともに悪名高い「坑儒《こうじゅ》」事件もこうした不滅願望の副産物にほかならない。この事件は紀元前二一二年、盧生《ろせい》というインチキ方士にだまされ、激怒した始皇帝が、盧生との関係を追及して方士や学者を次々に逮捕、きびしく尋問して、そのうちの四百六十人あまりを生き埋めの刑に処したというものである。

卓越した政治センスをもちながら、死への恐怖にとりつかれた始皇帝の運命は、突然、幕切れを迎えることになる。紀元前二一〇年、天下巡遊の途中で重病にかかり、この世を去ったのである。皇帝になってから十一年目、始皇帝はまだ五十歳だった。始皇帝の死後、息子の胡亥《こがい》が即位、二世皇帝になったとたん、秦王朝は崩壊しはじめる。悪辣な宦官《かんがん》の趙高《ちょうこう》が無能な胡亥をあやつり、李斯をはじめ競争者を排除してやりたい放題を繰り返すうちに、各地で反乱が勃発、たちまち中国全土に騒乱状態が広がった。この騒乱状態のなかで、紀元前二〇六年、始皇帝の死後わずか四年で、秦王朝はあっけなく滅亡したのである。

◆始皇帝の言葉より　『史記』秦始皇本紀《ほんぎ》

今《いま》より已来《いらい》、謚法《しほう》を除《のぞ》き、朕《ちん》　始皇帝《しこうてい》と為《な》り、後世《こうせい》　計数《けいすい》を以《もっ》て、二世三世《にせいさんせい》　万世《ばんせい》に至《いた》り、之《これ》を無窮《むきゅう》に伝《つた》えん。

これ以後、謚《おくりな》の制度を廃止し、朕が始皇帝となり、後世は二世三世と数えて万世に至り、永遠に伝えていくこととする。

漢の高祖《かんのこうそ》
──死闘の果ての天下統一

皇帝
漢
前256 あるいは
前247–前195

　秦末の混乱をおさめ、天下を再統一した漢《かん》の高祖劉邦《こうそりゅうほう》は、沛《はい》(江蘇《こうそ》省)の農民の出身である。若いころは農業を嫌って放蕩三昧、無頼の日々を送った。それでもやがて沛の近くの村の亭長《ていちょう》(村長)になり、単父《ぜんほ》(山東《さんとう》省)の地方ボス呂公《りょこう》の娘(のちの呂后《りょこう》)と結婚する。こうして勢力のある地方ボスの娘婿になったことが、劉邦の飛躍のきっかけとなる。

　その後、「驪山陵《りざんりょう》(始皇陵)」建造に従事させるべく、亭長として囚人を率いて現場に向かう途中、脱走者が続出したため、やむなく囚人全員を解放し、自分は沛の山中に隠れて盗賊の親分になった。沛の人々は秦の過酷な徴発に刃向かった劉邦の勇敢な行為に敬意をはらい、劉邦はしだいに沛近辺の任侠集団の中心的存在となってゆく。始皇帝が死去した翌年の紀元前二〇九年、辺境守備にあたる民衆部隊のリーダー陳勝《ちんしょう》・呉広《ごこう》が反乱をおこし、これを機に各地に反乱が広がり、沛でも蜂起した住民が県知事を殺して、人望のある劉邦を擁立する事態になる。

このとき、劉邦はのちの漢王朝創設の原動力となるブレーン、蕭何《しょうか》・曹参《そうさん》・周勃《しゅうぼつ》・樊噲《はんかい》らを中心に、沛出身者軍団を結成し、秦末の乱世に乗り出してゆく。

まもなく劉邦軍団は、戦国時代の大国楚《そ》の豪族項梁《こうりょう》・項羽《こうう》(前二三二―前二〇二)の軍勢と合流し、秦軍と各地で激戦を展開するに至る。しかし、劉邦と項羽の共同戦線は長くはもたなかった。紀元前二〇六年、劉邦が一足さきに秦の首都咸陽《かんよう》を制圧したのを境に、両者の関係は悪化の一途をたどる。ちなみに、劉邦に先手を打たれた項羽は、咸陽東南の鴻門《こうもん》にしいた本陣に劉邦を呼び寄せ殺害を図ったものの、もたもたしているうちに逃げられてしまう。この「鴻門の会」こそ、やがて食うか食われるか、劉邦と項羽が必死のつばぜりあいを演じる、「漢楚の戦い」の幕開けを示す事件だった。

鴻門の会ののち、咸陽に乗り込んだ項羽の軍勢は破壊と略奪のかぎりを尽くした。一方、劉邦は漢王に封じられるや、あっさり領地の漢中《かんちゅう》(陝西省《せんせい》)に向かい、ここで態勢の立て直しを図った。まもなく劉邦は「国士無双《こくしむそう》」と称された韓信《かんしん》を大将に起用して漢中から出撃し、項羽と死闘を繰り返すこと四年、紀元前二〇二年、「垓下《がいか》の戦い」でついに項羽を撃滅、天下統一に成功した。劉邦は出身や個人的武力では項羽の足元にもおよばなかった。しかし、劉邦には「長者」と呼ばれる包容力と、冷静に状況を判断する知力があり、この点で性急で強引な項羽を完全に圧倒していた。これが彼を最終的な勝利に導いたといえよう。

漢王朝の初代皇帝高祖(前二〇二―前一九五在位)となってからの劉邦は「長者」どころか、しだいに猜疑心のとりことなり、残忍な性格の妻呂后と共謀して韓信をはじめ軍事力をもつ功臣を次々に粛清した。不滅願望にふりまわされた秦の始皇帝といい、疑心暗鬼にとりつかれた漢の高祖といい、至高の権力には人を狂わせる魔力があるのかもしれない。

◆高祖の歌より『史記』高祖本紀

大風《たいふう》起《おこ》りて雲《くも》飛《ひ》揚《よう》す、威《い》は海内《かいだい》に加《くわ》わりて故郷《こきょう》に帰《かえ》る、安《いず》くにか猛士《もうし》を得《え》て四方《しほう》を守《まも》らしめん。

大いなる風がわき起こって雲は空高く舞い上がる、天下に威厳を加えて故郷に凱旋する、どこで勇士を手に入れて国の四方を守らせたものか。

司馬相如
しばしょうじょ――恋がひらいた運命

文章家
漢
前 179–前 117

司馬相如《しばしょうじょ》あざな長卿《ちょうけい》は、漢代（前漢、前二〇二―後八。後漢、二五―二二〇）の主要な文学ジャンル、賦《ふ》（韻文の一種）の名手として知られる。

当初、司馬相如は前漢第六代皇帝の景《けい》帝に仕えたが、景帝が辞賦《じふ》（文学）を好まなかったために意を得ず、辞任して、文学好きだった梁孝王《りょうこう》（景帝の弟）のもとに身を寄せた。梁（河南省）に滞在すること数年、パトロンの梁孝王が死去したので、やむなく故郷の蜀《しょく》の成都《せいと》（四川《しせん》省）に帰った。帰ったものの、富裕だった生家はすでに没落し、生計を立てるすべもない。困り果てていたとき、成都の西南に位置する臨邛《りんきょう》県の知事をしている幼なじみの王吉《おうきつ》に誘われ臨邛に赴く。これが、司馬相如の人生の転機になった。

まず、王吉のもとに高名な文人が滞在していると知った、臨邛の富豪卓王孫《たくおうそん》が盛大な宴会を催し、礼を厚くして司馬相如を招待した。宴たけなわにさしかかったころ、司馬相如は得意の琴の腕前を披露した。このとき、物かげから眉目秀麗の司馬相如をじっとみつめ、琴の音に聞き入る女性がいた。卓王孫の娘の卓文君《たくぶんくん》である。彼女は夫と死別し、実家にもどったばかりだった。司馬遷著『史記』司馬相如伝によれば、司馬相如は最初から音楽好きの卓文君に狙いをつけ、友人の王吉の協力を得て、彼女の関心を引いたのだという。

計画的であるか否かはさておき、そのあとの展開は電光石火であった。召使いを介して司馬相如の恋文を受け取った卓文君は、その夜のうちに彼のもとに走り、二人は手に手をとって、成都に駆け落ちした。今から二千年以上も前に、かくも大胆に恋の道行きを敢行するとは、まったく驚嘆するほかないが、このあとも恋人たちの挑戦はつづく。

司馬相如は赤貧洗うがごとき状態だったが、父親の卓王孫は当然のことながら激怒していっさいの援助を拒否した。このとき、勝気な卓文君はなんと司馬相如を連れて実家のある臨邛にもどり、手持ちの車馬などを売り払って酒場を一軒買い、商売を始めるという挙に出た。そこで卓文君が酒客の相手をし、司馬相如はふんどし姿で皿洗いをするなど、堂々と酒場稼業にいそしんだものだから、さすがの卓王孫も閉口し、ついに卓文君に莫大《ばくだい》な財産を分与した。このおかげで司馬相如は成都に帰って田畑や屋敷を買い大財産家となった。

これが、開運のきっかけになり、まもなく司馬相如は第七代皇帝の武帝《ぶ》（景帝の息子。前一四一—前八七在位)に才能を認められ、武帝最愛の宮廷文人として、「天子游猟《ゆうりょう》の賦」をはじめ数々の名作を生み出すことになる。司馬相如については古来、その人格に問題があるなど批判が絶えないが、卓文君はいさいかまわず恋のパトスに賭け、そのはげしい思いによって司馬相如の文人としての可能性を最大限、開花させた。漢代文学の代表的存在たる異才文人、司馬相如は、世にもまれなる卓文君との恋のしがらみのなかから、誕生したといえよう。

◆司馬相如の伝記より　『史記』司馬相如列伝

相如与《しょうじょとも》に倶《とも》に臨邛《りんきょう》に之《ゆ》き、尽《ことごと》く其《そ》の車騎《しゃき》を売《う》り、一酒舎《いちしゅしゃ》を買《か》いて酒《さけ》を酤《う》り、文君《ぶんくん》をして鑪《ろ》に当《あ》たらしむ。相如《しょうじょ》は身自《みみずか》ら犢鼻褌《とくびこん》を著《つ》け、保庸《ほよう》と雑作《ぞうさく》し、器《うつわ》を市中《しちゅう》に滌《あら》う。

相如は(文君と)いっしょに臨邛へ行くと、自分たちの車馬をすべて売り払い、一軒の酒場を買い取って飲み屋を始め、文君に店番をさせた。相如自身はフンドシ一つを身につけ、雇い人たちにまじって雑役に従事し、表通りで皿洗いをした。

司馬遷　しばせん——怨念の大歴史家

歴史家
漢
前145–前86

前漢の司馬遷《しばせん》あざな子長《しちょう》は周知のごとく、神話・伝説の時代から彼の生きた前漢の武《ぶ》帝の時代までの通史、『史記《しき》』の著者である。彼の父司馬談《しばだん》は武帝が即位した翌年(前一四〇)、天文・暦・歴史記録などを扱う太史令《たいしれい》となった。司馬談には、儒家の祖孔子が整理した歴史書『春秋』につづく時代の歴史を、トータルに記述したいという壮大な構想があった。このため、息子の司馬遷にも子供のころから古文(漢代以前の文字)で書かれた文献を読む訓練を施した。さらに、司馬談は司馬遷が二十歳になったとき、歴史が展開された場所を実地調査させるべく、二年余りの歳月をかけて、現在の安徽《あんき》・江蘇・浙江《せっこう》・湖南《こなん》・山東・河南などの各省を旅させた。こうして司馬遷は歴史文献学と民俗学的なフィールドワークの両面から、歴史家としての基礎を固めたのだった。

大旅行からもどった司馬遷は官吏となり、十数年間、郎中《ろうちゅう》(宮中の宿衛に当たる官職)をつとめた。元封《げんぽう》元年(前一一〇)、三十六歳のとき、必ず宿願の歴史書を完成させよと遺言して、父司馬談が死去する。父の死から二年後、司馬遷は太史令となり、宮廷図書館の古い記録や文献を読みあさり、歴史著述の準備を重ねたが、本務(新しい暦を作る作業)に忙殺されたためもあって、なかなか執筆にとりかかれなかった。太初《たいしょ》元年(前一〇四)、ようやく暦(太初暦)が完成し、本腰を入れて『史記』の執筆に着手したものの、五年後の天漢《てんかん》二年(前九九)、司馬遷の人生を根底からくつがえす大事件が勃発する。

この年、将軍の李陵《りりょう》は北方異民族匈奴《きょうど》の軍勢と激戦し、刀折れ矢尽きて降伏のやむなきに至った。朝廷の重臣はこぞって李陵を非難したが、司馬遷は武帝の前で理路整然と李陵を弁護した。これが武帝の逆鱗《げきりん》にふれ、翌天漢三年、司馬遷は男性機能を失う屈辱的な宮刑《きゅうけい》に処せられてしまう。ときに四十八歳。死ぬよりつらい日々をくぐりぬけ、やがて司馬遷は武帝に対する怒りと怨念をこめて、『史記』の執筆を再開する。ちなみに、司馬遷は宮刑を受けたのち、当時は宦官の職であった中書令《ちゅうしょれい》になったとされる。

壮大な通史『史記』(全百三十巻)の主要部分をなすのは、各時代の権力者の伝記を並べた「本紀《ほんぎ》」(十二巻)と、特徴的な生き方をした個人の伝記を集めた「列伝《れつでん》」(七十巻)の部分である。こうした歴史記述スタイルは司馬遷の発明によるものであり、「紀伝体《きでんたい》」と呼ばれる。『史記』以後の「正史」はすべて一王朝の歴史を描く「断代史《だんだいし》」だが、記述形式じたいは紀伝体である。付言すれば、勅撰の「正史」というジャンルが成立したのは唐《とう》代以降である。それ以前の歴史書はすべて歴史家が個人として著したもので、『史記』も例外ではない。

司馬遷の「発憤著書《はっぷんちょしょ》」の成果、『史記』が完成したのは、征和《せいわ》三年（前九〇）、五十六歳のときだった。その四年後、六十歳で死去。彼の運命を変えた武帝の死の翌年のことである。

◆**司馬遷の手紙より**「報任少卿書（任少卿《じんしょうけい》に報《ほう》ずる書《しょ》）」（部分）

隠忍《いんにん》して苟《いや》しくも活《い》き、糞土《ふんど》の中《なか》に幽《ゆう》せられて辞《じ》せざる所以《ゆえん》の者《もの》は、私心《ししん》に尽《つ》くさざる所有《ところあ》り、鄙陋《ひろう》にして世《よ》を没《ぼっ》し、文彩《ぶんさい》の後世《こうせい》に表《あらわ》れざるを恨《うら》めばなり。

私が耐え忍んで生きながらえ、汚らわしい場所に幽閉されることも厭わなかったのは、心にやりのこした仕事への思いをかかえながら、むざむざ世に埋もれたまま死んでしまい、自分の文章が後世に伝わらないのを残念に思ったからです。

班超

はんちょう──虎穴に入ったつわもの

軍事家
漢
33-103

後漢《ごかん》の班超《はんちょう》あざな仲升《ちゅうしょう》は西域遠征で大いなる功績をあげた人物である。前漢・後漢を通じ、漢王朝は北方異民族匈奴《きょうど》の侵攻に悩まされた。武《ぶ》帝から宣《せん》帝（前七四―前四九在位）の時代にかけ、前漢は大軍を繰り出して匈奴に打撃を与え、西域《せいいき》諸国を支配下に入れることに成功した。その後、しばらく平穏な状態がつづくが、外戚《がいせき》（皇后の一族）の王莽《おうもう》が前漢を滅ぼし新《しん》王朝（八―二三）を立てたころから、またも匈奴が勢いを強め、その支配下に入る西域諸国が続出した。新の滅亡後、前漢の一族劉秀《りゅうしゅう》（光武《こうぶ》帝。二五―五七在位）が即位して後漢王朝を立て、全土を再統一した。しかし、光武帝は内政の充実に力をそそぎ、対外的には消極策をとりつづけたため、匈奴はますます勢いづき、後漢第二代の明《めい》帝（五七―七五在位）のころには、国境地帯まで攻め寄せるまでになる。慌てた後漢王朝は匈奴の侵攻をくいとめるべく、ついに竇固《とうこ》を総大将とする遠征軍を派遣する決断を下す。

班超は永平《えいへい》十六年(七三)、竇固の率いる匈奴遠征軍に加わって頭角をあらわしたのを機に、西域にとどまること約三十年、後漢と匈奴の間で揺れる五十以上の西域諸国を後漢に帰属させ、西域都護《せいいきとご》として諸国を統轄するに至った。

班超の成功のきっかけになったのは、竇固の指令によって西域諸国の一つ、鄯善《ぜんぜん》に使者として赴いたさいの事件だった。このとき、匈奴の使者もやって来たため、鄯善の王はとたんに班超を粗略に扱うようになった。班超は「虎穴《こけつ》に入らずんば虎子《こじ》を得ず」と、連れて来た三十六人の部下を激励して、匈奴の宿舎を焼き打ちし、総勢百人をこえる匈奴の使者一行を全滅させた。ふるえあがった鄯善の王は後漢に忠誠を誓い、以来、班超の勇名は西域全土にとどろきわたったのだった。

班超はもともと学者の家の出身であった。父の班彪《はんぴょう》(三―五四)は『史記』をつぐ歴史著述を数十篇あらわし、兄の班固《はんこ》(三二―九二)はその遺志をついで前漢一代の歴史を記述した『漢書《かんじょ》』を完成した。ちなみに、『史記』が神話・伝説の時代から前漢の武帝の時代までを記した「通史」であるのに対し、『漢書』は前漢一代の歴史をあらわした「断代史」であり(記述形式じたいは紀伝体、本書二三頁参照)、一王朝の歴史を記す「正史」の基本的スタイルを作った歴史書にほかならない。班固がある事件に連座して投獄され、獄中死したあと、妹の班昭《はんしょう》(曹大家《そうたいこ》ともいう。四五―一一七）が、『漢書』の未完成部分を書きついだとされる。
班超も当初は兄と同様、学問に励んだが、「男たる者は傅介子《ふかいし》（前漢、元《げん》帝の時の人）や張騫《ちょうけん》（前漢、武帝の時の人）のように異域で功績を立てるべきだ」と、西域に乗り出し、みごと秘めたる才能を開花させた。この鮮やかな転身といい、鄯善における匈奴殲滅《せんめつ》作戦といい、班超はここぞというときに度胸満点、まことに果断な人物だったといえよう。

◆班超の伝記より　『後漢書《ごかんじょ》』班超伝

超曰《ちょういわ》く、「虎穴《こけつ》に入《い》らずんば、虎子《こじ》を得《え》ず。当今《とうこん》の計《けい》、独《ひと》り夜《よる》に因《よ》って火《ひ》を以《もっ》て虜《りょ》を攻《せ》むること有《あ》るのみ。彼《かれ》をして我《われ》の多少《たしょう》を知《し》らざらしむれば、必《かなら》ず大《おお》いに震《ふる》え怖《おそ》れ、殄《ほろ》ぼし尽《つ》くす可《べ》きなり。此《こ》の虜《りょ》を滅《ほろ》ぼさば、則《すなわ》ち鄯善《ぜんぜん》は胆《きも》を破《やぶ》り、功成《こうな》り事立《ことた》たん」と。衆曰《しゅういわ》く、「当《まさ》に従事《じゅうじ》と之《これ》を議《ぎ》すべし」と。超怒《ちょういか》りて曰《いわ》く、「吉凶《きっきょう》は今日《こんにち》に決《けつ》す。従事《じゅうじ》は文俗《ぶんぞく》の吏《り》なれば、此《こ》れを聞《き》きて必《かなら》ず恐《おそ》れて謀《はかりごと》泄れん。死《し》して名《な》とせらるる所無《ところな》きは、壮士《そうし》に非《あら》ざるなり」と。

班超は言った。「虎穴に入らんずんば、虎子を得ず、だ。今とるべき策は、夜陰に乗じて虜《えびす》どもに火攻めをかけるしかない。我われがどれほどの人数であるかをやつらに悟らせなければ、きっと大いに恐れおののくから、全滅させることができる。この虜どもを殺してしまえば、鄯善は仰天し、功成って事が成就するだろう」。皆が言った。「(上司の)従事どのと相談しなければなりません」。班超は怒って言った。「吉凶は今日に決するのだ。従事は頭の固い役人だから、このことを聞けばきっと恐れて計略が漏れるだろう。何の誉れも残さずに死ぬのは、壮士ではない」。

2　乱世の英雄と批評精神——三国・西晋

曹操《そうそう》――「姦雄」の実像

政治家
三国
155–220

曹操《そうそう》、あざなは孟徳《もうとく》、幼名阿瞞《あまん》。数々の姦雄伝説につつまれたこの人物は、その実、卓越した軍事家にして辣腕の政治家であり、さらにまた『孫子《そんし》』に注釈をつけるほど兵法学に長《た》けた学者であり、干戈《かんか》のあいまに高ぶる感情を歌いあげる傑出した詩人でもあった。曹操こそ多士済々の三国志世界でも群をぬく存在だったといえよう。

政治家としての曹操は法や制度を重視する法家《ほうか》主義者だった。まだ若いころ、後漢《ごかん》の首都洛《らく》陽《よう》の警察署長に任命されたさい、厳重な夜間外出禁止令をしいて違反者を棒殺し、当時、権勢をふるった宦官の一族さえ違反のかどで、即刻、打ち殺したことがある。これは、シビアな法家主義者曹操の片鱗を示す事件にほかならない。

その後、後漢王朝は事実上崩壊し、群雄の一人として頭角をあらわした曹操は、初平《しょへい》二年（一九一）、反宦官派の良心派知識人グループ「清流派」のホープ荀彧《じゅんいく》を軍師に迎えた。これを機に、清流派知識人が続々と傘下に加わり、曹操は彼らを活用することによって、早くから単なる軍事政権ではなく、行政機構のととのった本格政権となる基盤を固めた。

曹操は荀彧らブレーンの意見を受け入れ、次々にめざましい手を打った。建安《けんあん》元年(一九六)、彼はすでに名のみの皇帝であった後漢の献《けん》帝を、みずからの根拠地許《きょ》(河南省許昌《きょしょう》市)に迎え、その後見人となった。この四年後の建安五年、曹操は「官渡《かんと》の戦い」で強敵袁紹《えんしょう》を撃破し、名実ともに政治・文化の中心である華北《かほく》の覇者となる。しかし、これに先立ち、いち早く献帝という錦《にしき》の御旗《みはた》を手に入れた時点で、曹操は政治的判断において完全に袁紹を圧倒していたといえよう。ちなみに、やはり建安元年に曹操はブレーンの進言によって、「屯田《とんでん》制」を実施している。屯田制は兵士が戦闘のあいまに田畑を耕し食糧を自給自足できるようにする方式だが、戦乱のるつぼと化し極端な食糧危機に陥っていた華北において、これは食糧供給体制を整備するためにすこぶる有効な方式であった。

曹操はこうして着々と政治や経済の充実をはかったために、建安十三年、「赤壁《せきへき》の戦い」に敗北し天下統一こそならなかったものの、華北の曹操政権じたいは磐石だった。曹操は能力第一主義者であり、現在は乱世なのだから、たとえ素行がわるくとも有能でさえあれば推挙せよ、という主旨の布告をしばしば発令している。この結果、曹操の魏《ぎ》政権は劉備《りゅうび》の蜀《しょく》や孫権《そんけん》の呉《ご》とは比較にならないほど、文武両面の多彩な人材を吸収することに成功した。
しかし、さしもの曹操も晩年になるにつれ権力欲が膨張し、最終的に最良の軍師荀彧と決裂、荀彧を自殺に追い込むに至る。こうして荀彧を切り捨ててまで最高権力を求めたものの、けっきょく曹操は最後の一歩を踏み切れず、皇帝にならないまま死んだ。いかにも乱世の英雄と姦雄の複雑な混合体である、曹操らしい最期だったというべきであろう。

◆曹操の文より「譲県自明本志令（県《けん》を譲《せ》めて自《みずか》ら本志《ほんし》を明《あき》らかにする令《れい》）」

国家《こっか》の為《ため》に賊《ぞく》を討《う》ち功《こう》を立《た》てんと欲《ほっ》し、侯《こう》に封《ほう》ぜられて征西将軍《せいせいしょうぐん》と作《な》り、然《しか》る後《のち》に墓道《ぼどう》に題《だい》して「漢《かん》の故征西将軍曹侯之墓《もとせいせいしょうぐんそうこうのはか》」と言《い》うを欲《ほっ》し望《のぞ》む、此《こ》れ其《そ》の志《こころざし》なり。

国家のために賊を討ち功を立てたいと考え、侯に封ぜられて征西将軍となり、そのあとで墓石に「漢の故征西将軍曹侯之墓」と記されたいと望んだ。これがそのときの希望であった。

諸葛亮 しょかつりょう――忠をつらぬいた大軍師

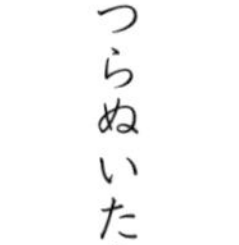

政治家・軍事家
三国
181-234

後漢末の乱世、群雄の一人だった劉備《りゅうび》（一六一―二二三）は、華北を制覇した曹操《そうそう》に追われて荊《けい》州（湖《こ》北《ほく》省）の支配者劉表《りゅうひょう》のもとに逃げ込み、数年間、鳴かず飛ばずの居候生活を送った。そんな劉備を飛躍させるきっかけになったのは、建安《けんあん》十二年（二〇七）、臥龍《がりょう》と呼ばれる荊州の逸材、諸葛亮《しょかつりょう》あざな孔明《こうめい》との出会いだった。劉備の「三顧《さんこ》の礼」に感動した諸葛亮はその軍師となり、持論の「天下三分の計」にもとづく戦略を展開し、ついに劉備を三国の一つ、蜀《しょく》王朝の皇帝にまでおしあげることに成功する。

諸葛亮は後年、軍事家としても手腕を発揮するが、もともとすぐれた行政能力の持ち主であった。政治家としての彼は、劉備のライバル曹操と同様、法や制度を重視する法家主義者だった。諸葛亮の抜群の行政能力がいかんなく発揮されたのは、建安十九年（二一四）、劉備が蜀（四川省）を制圧してからである。このとき、諸葛亮は劉備政権の基盤を固めるべく、二つの基本方針を立てた。一つは、蜀の旧支配者劉璋《りゅうしょう》の無責任体制に馴れた官吏や住民の意識を改めるために、徹底した法治政策をとり、違反者は容赦なく処罰すること。いま一つは、旧劉璋政権の有能な人材を抜擢登用して重要なポストにつけ、劉備政権の基礎固めをすること、である。諸葛亮の厳格な引き締め政策によって、蜀の国内情勢はみるみる整備され、旧政権の官吏も心からつき従うようになった。

このように諸葛亮の獅子奮迅の努力によって、内政基盤が確立していたために、劉備が蜀王朝を立て即位した翌年、蜀の章武《しょうぶ》二年(二二二)、義弟関羽《かんう》の報復を期して呉に攻め込んであえなく大敗、翌章武三年、暗愚な息子劉禅《りゅうぜん》を諸葛亮に託して死去したあとも、蜀はびくともしなかった。劉備の死後も、諸葛亮は大々的に灌漑《かんがい》工事を進めて農業生産を安定させ、また商工業の発展をはかって、「蜀錦《しょくきん》」とよばれる蜀特産の錦織を増産し、敵対国の魏や呉にまで輸出するなど、種々の面で積極的に国力の充実をはかった。

こうして準備万端ととのえたうえで、諸葛亮は、蜀の建興《けんこう》三年(二二五)、南方征伐をおこない、反抗的な南方少数民族を心服させることに成功した。かくて、後顧の憂いをたち、建興五年から十二年までの七年間、つごう五回(六回という数え方もある)にわたって北伐《ほくばつ》を敢行、超大国魏に挑戦しつづけた。とりわけ最後の第五次北伐において、諸葛亮は五丈原《ごじょうげん》(陝西省《せんせい》)の本陣の周囲に屯田《とんでん》を開いて食糧の確保につとめ、長期駐留に備えた。屯田はかつて曹操のお家芸だったが、諸葛亮は敵の長所もしっかりとりいれたのである。
しかし、不退転の覚悟でのぞんだ第五次北伐においても、諸葛亮は魏の将軍司馬懿《しばい》にはばまれて思わしい成果をあげることができないまま、秋風吹く五丈原で陣没するに至る。ときに五十四歳。政治家として軍事家として燃焼しつくした生涯だった。

◆諸葛亮の文より　「出師表（出師《すいし》の表《ひょう》）」（部分）

先帝《せんてい》は臣《しん》の卑鄙《ひひ》を以《もっ》てせず、猥《みだ》りに自《みずか》ら枉屈《おうくつ》し、三《み》たび臣《しん》を草廬《そうろ》の中《うち》に顧《かえり》み、臣《しん》に諮《はか》るに当世《とうせい》の事《こと》を以《もっ》てす。是《こ》れに由《よ》りて感激《かんげき》し、遂《つい》に先帝《せんてい》に許《ゆる》すに駆馳《くち》を以《もっ》てす。

先帝は私を身分卑しきものとなさらず、みずから身を屈して、三たび私を草屋のうちにご訪問下さり、私に当代の情勢をおたずねになりました。これによって、感激いたしまして、先帝のもとで奔走することを承知いたしました。

華佗《かだ》――伝説の名医

医者
三国
生没年不詳

華佗《かだ》あざな元化《げんか》は後漢《ごかん》末に活躍した伝説的名医であり、その伝記は陳寿《ちんじゅ》の『三国志』「魏書《ぎしょ》」方技《ほうぎ》伝《でん》にみえる。華佗に先行する名医としては、戦国《せんごく》時代（前四〇三―前二二一）の扁鵲《へんじゃく》があげられる。司馬遷《しばせん》著『史記』扁鵲伝によれば、彼は一目で病気の原因を透視する診断の名手であり、症状に応じて的確な処置を施し、死者を蘇生させたこともあったという。

華佗も同様の能力の持ち主だが、患者の容態が服薬や鍼灸《しんきゅう》などの処置で救えないほど悪化している場合は、積極的に外科手術をおこなった。患者に麻沸散《まふっさん》という麻酔薬を飲ませて患部を切り取り、縫合してあぶら薬をつけマッサージすると、数日で痛みは消え、一か月で本復したというから、神業というほかない。「魏書」方技伝には、その名医ぶりを示す例が数多く記載されている。しかし、皮肉にもこの卓越した医療技術があだになり、命を落とす羽目になる。

華佗は「三国志」世界の英雄曹操《そうそう》と同郷（沛《はい》国譙《しょう》、現在の安徽《あんき》省亳《はく》県）であり、腕前を買われて頭痛もちの曹操の侍医になったが、待遇に不満を抱き勝手に帰郷したため、曹操の逆鱗にふれ殺害された。その後、曹操は頭痛の発作がおこるたび、華佗がいたらと悔やんだという。このように正史の伝記によれば、華佗が曹操の侍医だったことは確かなのだが、このほか「三国志」世界の主要人物と関わりをもった形跡はない。

　しかし、時代が下り十四世紀中ごろの元《げん》末明《みん》初に成立した長篇小説『三国志《さんごくし》演義《えんぎ》』になると、華佗の活動範囲はいっきょに広まる。そのうち、もっとも印象的なのは関羽《かんう》との絡みである。建安《けんあん》二十四年(二一九)、関羽は曹操の猛将曹仁《そうじん》と交戦中、肘に毒矢が当たり危険な状態になる。このとき、華佗が出現し、肘を切開して骨に付着した毒を削り落とす大手術をおこなった。関羽は激痛をともなう大手術に平然と耐え、華佗に「将軍は天神だ」と称えられたというものだ。

　その後まもなく関羽は敗死し、曹操のもとに首が送られてくる。これを見たあと、曹操は頭痛がひどくなり、華佗に診察させると、華佗は頭部を切開して病根を摘出する必要があるという。猜疑心のつよい曹操は、これを口実に関羽と親しい華佗が自分を殺そうとしているのだと思いこみ、とうとう彼を獄中死させてしまう。

　というふうに、劉備や関羽を善玉に、曹操を悪玉・敵役に位置づける『三国志演義』では、名医華佗の役割にも関羽との絡みがもりこまれるなど、念入りに操作が加えられ、巧みに作りかえられてゆく。いずれにせよ、『三国志演義』に顕著に見られるように、華佗の名声は時代の経過とともにますます高まり、名医の代名詞となった。

◆華佗の伝記より『三国志』方技伝・華佗

府吏《ふり》の児尋《げいじん》・李延《りえん》共《とも》に止《とど》まる。倶《とも》に頭痛身熱《ずつうしんねつ》あり、苦《くる》しむ所《ところ》は正《まさ》に同《おな》じなり。佗《だ》曰《いわ》く、「尋《じん》は当《まさ》に之《これ》を下《くだ》すべく、延《えん》は当《まさ》に発汗《はっかん》すべし」と。或《ある》ひと其《そ》の異《い》を難《なん》ずるに、佗《だ》曰《いわ》く、「尋《じん》は外実《がいじつ》なり、延《えん》は内実《ないじつ》なり、故《ゆえ》に之《これ》を治《ち》すること宜《よろ》しく殊《こと》なるべし」と。即《すなわ》ち各《おの》おの薬《くすり》を与《あた》え、明旦《みょうたん》並《なら》び起《た》つ。

府の役人の児尋と李延とが、そろって華佗のもとに入院した。二人とも頭が痛んで熱っぽく、苦しみはまったく同じであった。華佗が言った、「児尋には下剤をかけねばならない、李延には汗をかかさねばならない」。その処方が異なることをあげつらう人がいると、華佗は言った、「児尋は体質が外側に充実しており、李延は内部に充実している。だから処方は別々にせねばならないのだ」。それぞれに薬を与えたところ、次の日の朝には二人とも床を離れた。

竹林の七賢《ちくりんのしちけん》 ——軽やかな自由人たち

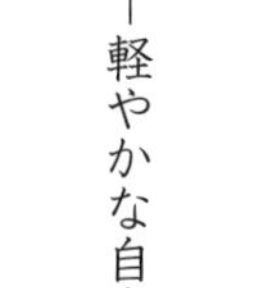

隠者
三国・西晋

魏《ぎ》・蜀《しょく》・呉《ご》の三国分立時代、最大の勢力を誇ったのは曹操《そうそう》の子孫が立てた魏(二二〇—二六五)である。しかし、魏もまたたくまに衰え、司馬懿《しばい》(一七九—二五一)が嘉平《かへい》元年(二四九)、実権をにぎったのを機に、その長男司馬師《しばし》、二男司馬昭《しばしょう》、司馬昭の息子司馬炎《しばえん》と、三代四人がかりで魏王朝を簒奪するに至る。この多事多難の王朝交替期に、身の安全を期しつつ、自由な生きかたを追求した一群の人々がいた。「竹林《ちくりん》の七賢《しちけん》」と総称される人々、阮籍《げんせき》(二一〇—二六三)、嵆康《けいこう》(二二四—二六三)、山濤《さんとう》(二〇五—二八三)、劉伶《りゅうれい》(生没年不詳)、阮咸《げんかん》(生没年不詳)、向秀《しょうしゅう》(生没年不詳)、王戎《おうじゅう》(二三四—三〇五)の七人である。

彼らは老荘《ろうそう》思想の無為自然をモットーに、俗世のしがらみを脱して隠遁し、竹林に集まって酒を飲み、「清談《せいだん》(哲学談議)」や音楽にふけった。彼らの竹林の清遊は、正始《せいし》四年(二四三)ごろからほぼ十年つづいたとおぼしい。しかし、やがて司馬氏から「竹林の七賢」にも出仕要請というかたちで圧力がかかり、とても清遊というわけにはゆかなくなる。要請を拒否すれば、頑固な批判勢力とみなされ、命の保障もない。人生の岐路に立った七賢は以後、各人各様の生き方を選択せざるをえなくなる。

七賢のなかで、出仕要請を峻拒《しゅんきょ》したのはただ一人、嵆康だけである。彼の妻は曹操の曾孫であり、魏王朝と関係が深いうえ、また嵆康自身、世評の高い名士だったために、司馬氏は彼の存在に神経を尖らせ、嵆康もまた司馬氏には関わるまいと警戒して、慎重に隠遁の構えを崩さなかった。にもかかわらず、持ち前のはげしい性格によって、最終的に司馬氏と衝突し、友人の事件に連座して、ついに投獄され処刑される羽目になった。

七賢のリーダー格の阮籍、その従子《おい》の阮咸、劉伶の三人は、きっぱり出仕を拒否した嵆康とは異なり、形だけ司馬氏傘下の官僚になったものの、大酒を飲んだり奇行にふけったりと、無用者のポーズを誇示してサボタージュを繰り返した。こうして無用は無害だと司馬氏に認識させ、彼らは無事に生命をまっとうしたのだった。もっとも、こうした複雑な綱渡りを意識的にやってのけたのは、嵆康とともにすぐれた詩人・哲学者として知られる阮籍のみであり、もともと能天気な阮咸と劉伶はもっと気楽に生きたものと思われる。

残る七賢の三人、山濤、王戎、向秀は積極的に司馬政権に参加し、先の二人は司馬氏の西晋《せいしん》王朝(二六五―三一六)の重臣にまでなった。とはいえ、山濤は嵆康の処刑後、その遺児を見守りつづけ、王戎は西晋が退廃するや、さっさと見限って身をかわすなど、彼らの処世の根本には悪しき権力との同化を拒否する「竹林の七賢」の残像が認められる。

彼ら七賢は政治情勢に迫られ、隠遁の夢をまっとうすることはできなかったけれども、それぞれの流儀で竹林に集ったころの理念を忘れず、みずからの道を歩んだといえよう。

◆竹林の七賢の逸話より　『世《せ》説新語《せつしんご》』任誕《にんたん》篇

陳留《ちんりゅう》の阮籍《げんせき》、譙国《しょうこく》の嵆康《けいこう》、河内《かだい》の山濤《さんとう》、三人年《さんにんとし》皆《み》な相《あ》い比《ひ》し、康《こう》、年少《ねんしょう》にして之《これ》に亞《つ》ぐ。此《こ》の契《けい》に預《あずか》る者《もの》は、沛国《はいこく》の劉伶《りゅうれい》、陳留《ちんりゅう》の阮咸《げんかん》、河内《かだい》の向秀《しょうしゅう》、琅邪《ろうや》の王戎《おうじゅう》なり。七人《しちにん》は常《つね》に竹林《ちくりん》の下《もと》に集《つど》い、肆意酣暢《しいかんちょう》す。故《ゆえ》に世《よ》に竹林《ちくりん》の七賢《しちけん》と謂《い》う。

陳留の阮籍、譙国の嵆康、河内の山濤の三人は、いずれも年齢が近く、嵆康が少し若いくらいだった。彼らの交遊に加わったのは、沛国の劉伶、陳留の阮咸、河内の向秀、琅邪の王戎である。この七人はいつも竹林のもとに集まり、思いきり酒を飲んで気晴しをした。だから世間では「竹林の七賢」とよぶのである。

杜預　どよ——透徹した批評精神

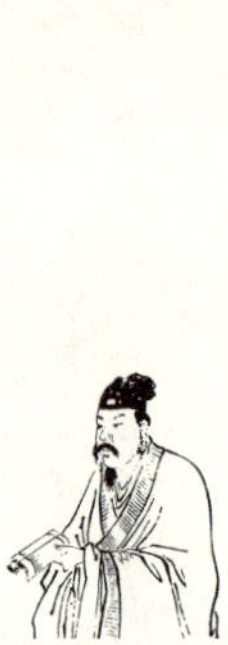

歴史家・軍事家
西晋
222–284

西晋の杜預《どよ》あざな元凱《げんがい》は大軍事家であり、また大歴史学者でもあった。彼の氏名については、「とよ」ではなく、「どよ」と読むのが慣例である。

杜預の祖父杜畿《とき》は、曹操《そうそう》政権の重臣として活躍する一方、学問を重視する人物だった。父の杜恕《とじょ》も官界に入ったが、筋金入りの硬骨漢であり、魏の嘉平《かへい》元年(二四九)、クーデタを起こして実権を掌握した司馬懿《しばい》に嫌われ、流刑の憂き目にあった。しかし、杜恕はめげることなく流刑地で著述にはげんだとされる。こうした学問重視の家風のなかで育った杜預は若いころから博学多識であり、彼が二十八歳のときに、父が流刑処分を受けたあとも、倦《う》まずたゆまず膨大な書物を読みつづけ、のちの大歴史学者としての基礎を固めた。

杜預の人生が上げ潮に乗ったのは、魏末、父司馬懿の死後、実権を掌握した司馬師《しばし》・司馬昭《しばしょう》の妹と結婚したのが契機だった。これ以後、曹氏の魏から司馬氏の西晋への王朝交替期においても、内外の要職を歴任し、西晋の咸寧《かんねい》四年(二七八)には名将羊祜《ようこ》の後任の荊《けい》州方面軍総司令官として、魏・蜀・呉の三国のうち唯一存続していた呉と対決するに至る。

この時点で、杜預の軍事的才能は花開いた。彼は武《ぶ》帝(司馬昭の息子司馬炎《しばえん》。二六五―二九〇在位)の賛同のもとに、安楽に慣れた重臣の反対を押し切って、咸寧六年(二八〇)、呉に総攻撃をかけ、ついに滅亡に追い込む。杜預こそ西晋の全土統一の最大の功労者だったのである。これを機に彼は引退を願い出るが、武帝の許可が得られず、なお四年間、総司令官として荊州に在任、任満ちて首都洛陽《らくよう》に帰還する途中で死去した。ときに六十三歳。

中年以降、はなばなしくも慌しい公的人生を送りながら、自他ともに認める「左伝癖《さでんへき》(『春秋左氏伝』に対する熱狂的愛好癖)」の持ち主だった杜預は、寸暇を惜しんで『春秋左氏伝《しゅんじゅうさしでん》』(以下、『左伝』と略称)の研究に没頭した。ちなみに、『左伝』は、左氏が、孔子によって整理・編纂された魯《ろ》の年代記『春秋』に注解を加えた解説書であり、『公羊伝《くようでん》』『穀梁伝《こくりようでん》』とともに「春秋三伝」と称される。杜預の著した『春秋経伝集解《けいでんしつかい》』は、『春秋』の「経《けい》(本文)」と、これに対する『左伝』の「伝(解説)」を実証的な方法で厳密に対応させつつ、体系的に解釈した作品であり、中国歴史学が確立するための大きな布石となった。

杜預は戦況をみぬき、合理的な戦略を立てる有能な軍事家であると同時に、孔子が編纂した

『春秋』を神秘化する従来の思潮をしりぞけ、歴史事実を満載したその解説書『左伝』にもとづいて徹底的に検証するなど、明確な方法意識をもつ突出した歴史学者であった。暇さえあれば、えいえいと地味な学問作業にはげんだ彼は、清談《せいだん》(哲学談議)が流行し、才子がもてはやされた西晋の華麗な貴族社会の異端児であり、彼が姿をあらわすと座がしらけたという逸話もある。まことにむべなるかなと、いうべきであろう。

◆杜預の伝記より『晋書《しんじょ》』杜預伝

時《とき》に王済《おうせい》 相馬《そうば》を解《かい》し、又《ま》た甚《はなは》だ之《これ》を愛《あい》し、和嶠《わきょう》は頗《すこぶ》る聚斂《しゅうれん》すれば、預《よ》は常《つね》に「済《せい》に馬癖《ばへき》有《あ》り、嶠《きょう》に銭癖《せんへきあ》有り」と称《しょう》す。武帝之《ぶていこれ》を聞《き》き、預《よ》に謂《い》いて曰《いわ》く、「卿《けい》に何《なん》の癖《へきあ》有るや」と。対《こた》えて曰《いわ》く、「臣《しん》に左伝《さでん》癖《へきあ》有り」と。

そのとき王済は馬の見立てに秀で、また大変な馬好きであり、和嶠は蓄財に励んでいたので、杜預はつねに「済に馬癖あり、嶠に銭癖あり」と言っていた。それを聞いた武帝が杜預に向かって、「卿《きみ》には何の癖があるか」と尋ねると、杜預は「臣には左伝癖がございます」と答えた。

3 花開く貴族文化——東晋・南北朝

王導

おうどう——戦略的「鷹揚」の人

政治家
東晋
267–339

王導《おうどう》あざな茂弘《ぼうこう》は、西晋《せいしん》王朝が滅亡したあとをうけ、江南に成立した東晋《とうしん》王朝（三一七—四二〇）創業の功労者である。王導は「琅邪《ろうや》の王氏」と称される魏《ぎ》以来の名門貴族の出身であり、西晋王朝の一族である琅邪王司馬睿《しばえい》（司馬懿《しばい》の曾孫。琅邪は山東省《さんとう》）とはかねて親しい間柄だった。司馬睿は永嘉《えいか》元年（三〇七）、内乱と北方異民族の侵入によって西晋の崩壊に加速度がつくや、幕僚となった王導とともに見きわめよく領地の琅邪を離れて江南に渡り、建鄴《けんぎょう》（のちの建康《けんこう》。江《こう》蘇《そ》省南京《ナンキン》市）を根拠地とした。

このとき、司馬睿を支えたのは有能な政治家王導と、軍事にすぐれる従兄《いとこ》の王敦《おうとん》（二六六—三二四）である。この二人の琅邪の王氏は一致協力して、行政・軍事の両面から司馬睿の政権基盤の確立につとめた。このため、建興《けんこう》四年（三一六）に西晋が滅亡すると、その翌年、いちはやく司馬睿が即位し（元《げん》帝。三一七—三二二在位）、江南の亡命王朝東晋を成立させることができたのだった。「王(敦・導)は馬(司馬睿)と天下を共にす」と称されるとおり、東晋王朝は司馬氏と琅邪の王氏の連合政権の様相をおびて誕生したのである。

　東晋の成立後、華北から江南に避難する人々はますますふえた。このとき、王導は持ち前の柔軟な政治センスとバランス感覚を発揮して、北から渡って来た人々と江南土着の人々の融和をはかり、寄り合い所帯の東晋をみごとに軌道に乗せた。そんな彼を窮地に陥れたのは従兄王敦の反乱である。みずからの軍事力を過信し、東晋簒奪《さんだつ》をねらった王敦は、永昌《えいしょう》元年(三二二)に挙兵、じりじり東晋を追いつめたが、二年後、陣中で病没した。

　東晋を根底から揺さぶった「王敦の乱」はこうしてやっと終息したが、この間、老練な王導は王敦に同調せず、ひたすら従兄の不始末を陳謝するというポーズをとった。このため、王敦の乱以後も、王導は依然として東晋政権のトップの座を占め、琅邪の王氏の優勢を保ちつづけた。政治家としての王導は、先に紹介した商鞅《しょうおう》、曹操《そうそう》、諸葛亮《しょかつりょう》のように、妥協の余地のないきびしい手法を駆使する人々とは、まったく対照的なタイプだった。

　王導の方針は対立や緊張を緩和させ、異質な分子を包み込み、穏やかに共存させることであった。魏晋の名士のエピソード集『世《せ》説新語《せつしんご》』(政事《せいじ》篇)にこんな話がみえる。晩年の王導はますます鷹揚になり、書類もろくに見ず、ただ「よし、よし」と言うだけになった。そこで、ひそかにため息をつきながら言うことには、「人は私を憒憒《かいかい》(混乱していいかげんなこと)というが、後世の人はきっとこの憒憒の意味をわかってくれるだろう」。王導の放任主義が、実は考えぬかれた高度な政治テクニックだったことを示す発言だといえよう。

王導のゆるやかな政治手法のもと、のびのびと生きた東晋貴族の間にやがて洗練された文化が花開いた。ちなみに、かの「書聖」王羲之《おうぎし》はこの王導の従子《おい》にほかならない。

◆**王導の逸話より**『世説新語』政事篇

丞相《じょうしょう》嘗《かつ》て夏月《かげつ》に石頭《せきとう》に至《いた》り、庾公《ゆこう》を看《み》る。庾公正《ゆこうまさ》に事《こと》を料《りょう》す。丞相云《じょうしょうい》う、「暑《あつ》ければ小《すこ》しく之《これ》を簡《かん》にす可《べ》し」と。庾公曰《ゆこういわ》く、「公《こう》の事《こと》を遺《わす》るるは、天下《てんか》も亦《ま》た未《いま》だ以《もっ》て允《よ》しと為《な》さず」と。

丞相(王導)がある夏の日、石頭城に出かけ、庾公(庾亮)を訪問した。庾公はちょうど執務中であった。丞相が言った。「暑さの折から少し手を抜かれたらよろしい」。庾公は言った。「あなたが仕事をうっちゃらかしにしていらっしゃるのは、世間でもいいことだとは思っておりませんよ」。

王羲之《おうぎし》──隠遁を選んだ「書聖」

書家
東晋
307–365

東晋《とうしん》の王羲之《おうぎし》あざな逸少《いっしょう》は「書聖《しょせい》」と呼ばれる書の名手である。彼は三国魏《ぎ》以来の名門貴族「琅邪《ろうや》の王氏」の出身であり、東晋王朝の元勲、王導《おうどう》と王敦《おうとん》の従子《おい》にあたる。

王羲之は「骨鯁《こっこう》(ほねっぽい)」と称される硬骨漢であり、琅邪の王氏のホープと目されていた。彼の妻は王導・陶侃《とうかん》(陶淵明《とうえんめい》の曾祖父)と並ぶ、東晋初期の大立者郗鑒《ちかん》の娘だった。政略結婚ながら王羲之夫妻は相性がよく、七男一女をもうけて幸福な結婚生活を送った。ちなみに、王羲之とともに「二王《におう》」と呼ばれる書の名手、王献之《おうけんし》は七男にあたる。

こうして私生活がすこぶる順調であったのとはうらはらに、時代の荒波をこえてきた叔父たちとは異なり、生まれながらの貴族だった王羲之は、ときには権謀術数を弄する必要のある中央官界にどうしてもなじめず、永和《えいわ》七年(三五一)、みずから地方勤務を希望して首都建康《けんこう》(江蘇省南京市)を離れ、風光明媚な会稽《かいけい》(浙江《せっこう》省紹興《しょうこう》市)の長官となった。

当時、会稽にはのちに東晋王朝の重鎮となる謝安《しゃあん》(三二〇—三八五)をはじめ、大勢の友人が隠棲しており、王羲之は心おきなく彼らとの交遊を楽しんだ。王羲之の書の最高傑作と目される「蘭亭序《らんていじょ》」はそんな交遊のなかから生まれた作品である。永和九年三月三日上巳《じょうし》の日、王羲之は会稽山陰の郊外にあった別荘蘭亭に友人たちを招き、「曲水流觴《きょくすいりゅうしょう》(屈曲した小川の流れに觴《さかずき》を浮かべ、順番に詩を作る)の宴」をもよおした。のちに、このときの詩を集めて『蘭亭詩』を編み、その序文として付けたのが「蘭亭序」にほかならない。

蘭亭の宴の二年後、王羲之は四十九歳で官界から引退した。同じ王氏でも別系統の「太原《たいげん》の王氏」出身のライバル王述《おうじゅつ》とのいざこざに疲れたこと、軍事的実力のある桓温《かんおん》(三一二—三七三)が勢いをつよめ、東晋王朝を圧迫しはじめた政治状況に嫌気がさしたことが、完全引退の直接の引き金となった。ともあれ、官界から足を洗い、自由の身となった王羲之は以後、興のむくまま筆をとり、道教の一派「天師道《てんしどう》」の信者だったため、会稽の山中に踏み入って薬草取りにはげむなど、五十九歳でこの世を去るまで、気ままな隠遁生活を存分に楽しんだ。

東晋中期は比較的おだやかに安定した時代であり、東晋政権を支えた貴族たちのサロンは栄え、彼らの美意識はますます洗練された。こうしたなかで、書画が芸術ジャンルとして確立され、書の王羲之、画の顧愷之《こがいし》(次項)をはじめとする芸術家が輩出した。江南に成立した亡命王朝のもとで、華麗な芸術の花が開くとは、歴史は皮肉なものである。

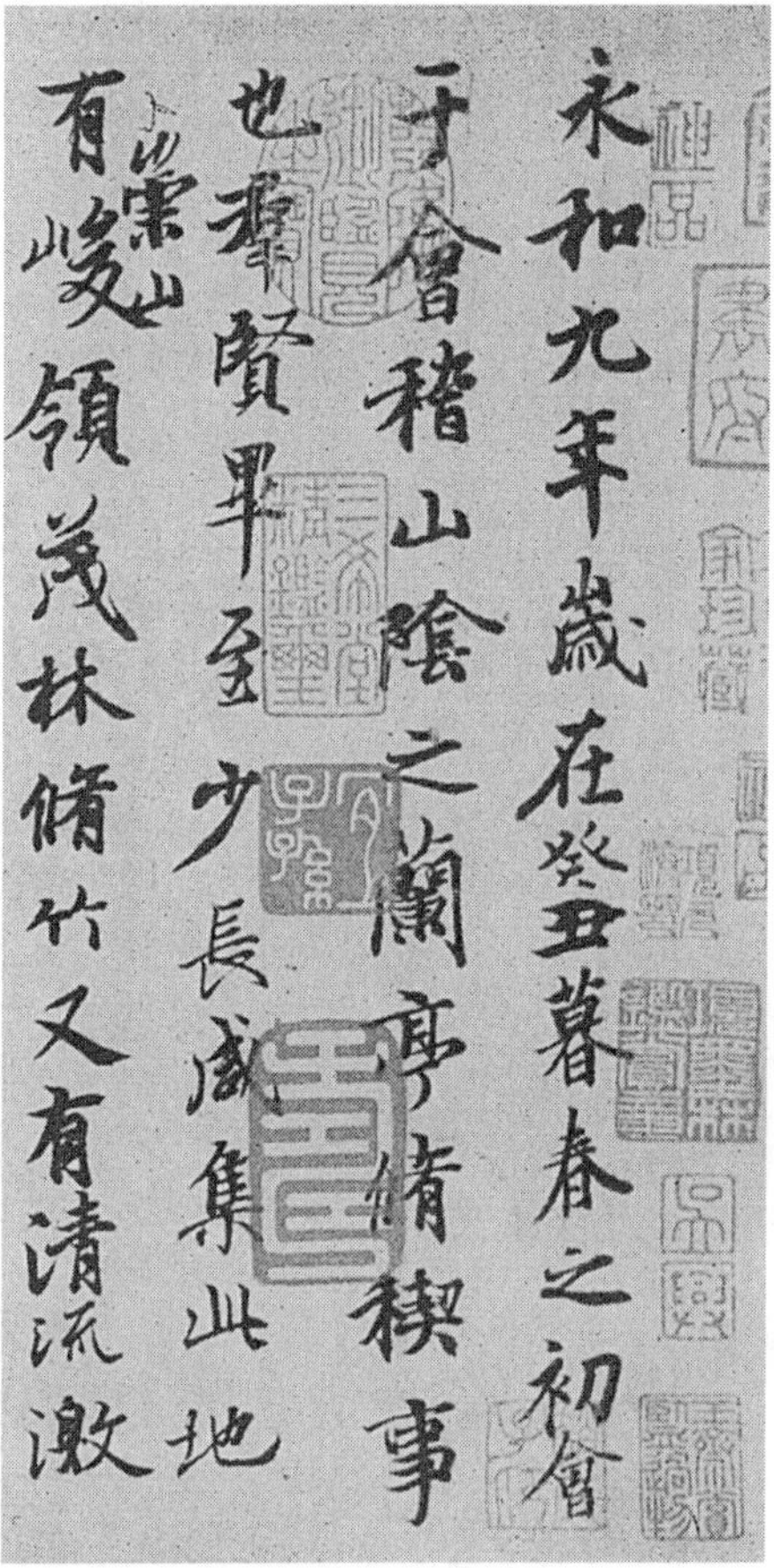

◆王羲之の書より「蘭亭序《らんていじょ》（神龍本《しんりゅうぼん》）」（部分）

顧愷之

こがいし——「痴絶」と呼ばれた天才画家

画家
東晋
346?–407?

東晋の顧愷之《こがいし》あざな長康《ちょうこう》は中国絵画史上、最初の画家であり、「画聖《がせい》」と呼ばれる。彼の画は在世中から高い評価をうけ、同時代人の謝安《しゃあん》は「顧愷之の絵画は、人類史上はじまって以来のものだ」と絶賛している。顧愷之は人物画が得意であり、モデルの特徴を凝縮して表現することに長けていた。ある人物の肖像を描き、最後に頰の部分に三本の毛をかき加えたところ、格段にいきいきして見えたというエピソードは、肖像画家としての顧愷之の手法を端的に示している。もっとも、顧愷之のかいた肖像画はすべて散佚し、今やその卓越した手法をしのぶすべもない（顧愷之の作品のうち、模写され今に伝わるのは、「女史箴図巻《じょししんずかん》」「洛神賦《らくしんのふ》図巻」などである）。

顧愷之の伝記には不明な部分が多いが、有数の江南土着豪族顧《こ》氏につながる家系の出身とみられ、青年期には東晋王朝を威圧した桓温《かんおん》の幕僚となり、画才や文才を評価された。顧愷之は天才画家であり、当時の貴族サロンで求められた当意即妙の言語センスも充分そなえていた。

しかし、その一方、極端な熱中癖のある奇人で、呆れた桓温から、「顧愷之の身体のなかには、痴《ち》(おろかさ)と黠《きつ》(賢さ)が入り混じっている。これを合わせて二で割ればちょうどいい」と評されたりしている。また当時の人々の間でも、顧愷之には「三絶(三つの世にもまれなる面)」があると、もっぱらの評判だった。「三絶」とは「才絶《さいぜつ》(才のきわみ)」「画絶《がぜつ》(画才のきわみ)」「痴絶《ちぜつ》(阿呆のきわみ)」を指す。

桓温の死後、顧愷之は桓温の後を継いで西方の軍事拠点荊《けい》州のリーダーとなった弟の桓沖《かんちゅう》や、桓温の対抗馬としての役割を果たし東晋政権の実力者となった謝安らのサロンに出入りし、二十年近くの歳月をすごす。その後、五十代前半には、やはり荊州のリーダーとなった殷仲堪《いんちゅうかん》の幕僚となり厚遇される。桓温の息子桓玄《かんげん》と知り合ったのもこの時期である。桓玄は書画の熱狂的なコレクターであり、顧愷之から厨子《ずし》に入った画をあずかり、画を抜き取ってから、返したことがあった。顧愷之は「すばらしい画は神霊と交感して消えうせてしまった」と言い、桓玄のしわざだと疑うようすもなく平然としていたという。まさに「痴絶」の人らしいエピソードだが、有力者のサロンを渡り歩いた顧愷之にはしたたかな一面もあったから、犯人は桓玄だと知りながら、とぼけてみせただけかもしれない。

「書聖」王羲之《おうぎし》は名門貴族の出身であり、書を趣味として悠然と楽しんだ。しかし、そんなバックのない顧愷之はパトロンになってくれる有力者を次々にさがしながら画をかきつづけた。最晩年の顧愷之は、桓玄が反乱をおこし鎮圧されたあと、のちに東晋を滅ぼして劉宋《りゅうそう》(四二〇―四七九)王朝を立てた劉裕《りゅうゆう》に接近、ささやかな官職を得た。つまるところ、中国最初の大画家とはいえ、顧愷之は画才を売り物にする流転の画師さながらの生涯を送ったのである。

◆顧愷之の逸話より『世説新語』巧芸篇

顧長康《こちょうこう》、裴叔則《はいしゅくそく》を画《えが》き、頰上《きょうじょう》に三毛《さんもう》を益《ま》す。人其《ひとそ》の故《ゆえ》を問《と》う。顧曰《こいわ》く、「裴楷《はいかい》は儁朗《しゅんろう》にして識具《しきぐ》有《あ》り。正《まさ》に此《こ》れは是《こ》れ其《そ》の識具《しきぐ》なり」と。画《え》を看《み》る者之《ものこれ》を尋《たず》ぬるに、定《さだ》めて三毛《さんもう》を益《ま》して神明有《しんめいあ》るが如《ごと》く、殊《こと》に未《いま》だ安《お》かざる時《とき》より勝《すぐ》れるを覚《おぼ》ゆ。

顧長康(顧愷之)が裴叔則(裴楷《はいかい》)の肖像を描いたさい、頰のところに三本の毛をかき加えた。ある人がわけをたずねると、顧愷之は言った。「裴楷は俊敏明快で、すぐれた見識があった。まさしくこの毛こそその見識を示すものだ」。絵を見る人がとっくりと眺めると、なるほど三本の毛をかき加えたことによって、魂があるように見え、かき加えなかった時よりずっといいように思われた。

謝道蘊
しゃどううん——貴族社会の大輪の花

東晋
生没年不詳

中国のすぐれた女性の代名詞とされる謝道蘊《しゃどううん》は、江南の亡命王朝東晋の大貴族「陽夏《ようか》の謝氏」の出身である。叔父の謝安《しゃあん》は東晋中期、政権トップの座を占めた非凡な政治家だった。陽夏の謝氏は王導《おうどう》ら「琅邪《ろうや》の王氏」とは異なり新興貴族だが、謝安の活躍によって上昇気流に乗り、琅邪の王氏をしのぐ大貴族となった。登り坂の大貴族の家に生まれた謝道蘊は才気煥発、大輪の花のような少女に成長した。陽気な叔父謝安は一族の子弟を集めて話し合うことを好み、謝道蘊は鋭い感覚を発揮していつも注目を集めた。

魏晋《ぎしん》の名士のエピソード集『世《せ》説新語《せつしんご》』(言語篇)にこんな話がある。謝安が子弟と語り合っている最中、雪がふってきた。謝安が「はらはらとふる雪は何に似てるかな」と聞くと、従子《おい》の一人が答えた。「塩を空中にまけばやや似ています」。幼稚で即物的な答えだ。すると、謝道蘊があっさり言ってのけた。「もっと似ているのは、柳のわた毛が風にふかれて飛ぶさま」。いかにも美しく詩的な比喩だ。謝安は満足し、楽しく笑い興じたのだった。

やがて謝道蘊は「書聖」王羲之《おうぎし》の二男王凝之《おうぎようし》と結婚した。王凝之は世事にうといボーッとした人物であり、頭の回転の速い謝道蘊は叔父の謝安に向かって、「この世に王郎《さん》みたいな人がいるとは思わなかったわ」と、こぼすことしきりだった。謝道蘊は歯に衣《きぬ》きせない性格であり、太元《たいげん》八年(三八三)の「肥水《ひすい》の戦い」において、北方異民族氐《てい》族の英雄苻堅《ふけん》の率いる前秦《ぜんしん》軍を撃破する金星をあげた弟の謝玄《しやげん》さえ、「おまえはどうしてちっとも進歩しないの。雑務にかき乱されているの。それとも天分に限りがあるの」と辛辣にからかったりしている。

肥水の戦いの二年後、謝安が死去するや、東晋王朝は衰亡の坂を転がりだし、謝道蘊の運命も暗転しはじめる。屋台骨が傾いた東晋に痛撃を加えたのは、隆安《りゆうあん》三年(三九九)に勃発した道教の一派五斗米道《ごとべいどう》の教祖孫恩《そんおん》をリーダーとする民衆反乱「孫恩の乱」である。このとき、謝道蘊の夫王凝之は会稽《かいけい》の長官だったが、孫恩の反乱軍になすすべもなく殺害されてしまう。しかし、謝道蘊は侍女に輿《こし》をかつがせると、みずから刀をふるって屋敷の門から出撃、反乱軍の兵士数人を斬り殺した。さらに生け捕りにされたあとも、孫恩と堂々とわたりあい、気《け》おされた孫恩は彼女とその家族に手出しできなかった。気迫で危機をきりぬけた謝道蘊は、その後、人々に畏敬されながら、平穏な老後を送ったとされる。

謝道蘊は「神情散朗《しんじようさんろう》(精神がスカーッとしているさま)として、竹林《ちくりん》の七賢《しちけん》のおもむきがある」(『世説新語』賢媛篇《けんえん》)と評される。自由闊達で物怖《お》じしない明朗さといい、洗練されたユーモア感覚といい、謝道蘊こそ東晋貴族社会の精髄を体現する存在だといえよう。

◆謝道蘊の逸話より『世説新語』言語篇

謝太傅《しやたいふ》、寒雪《かんせつ》の日に内集《ないしゆう》して、児女《じじよ》と文義《ぶんぎ》を講論《こうろん》す。俄《にわ》かにして雪驟《ゆきしゆう》す。公欣然《こうきんぜん》として曰《いわ》く、「白雪《はくせつ》の紛紛《ふんぷん》たるは何《なん》の似《に》る所《ところ》ぞ」と。兄《あに》の子胡児《こじ》曰《いわ》く、「塩《しお》を空中《くうちゆう》に撒《ま》けば差《や》や擬《ぎ》す可《べ》し」と。兄《あに》の女《むすめ》曰《いわ》く、「未《いま》だ柳絮《りゆうじよ》の風《かぜ》に因《よ》りて起《お》こるに若《し》かず」と。公大《こうおお》いに笑《わら》い楽《たの》しむ。

謝太傅(謝安)は寒い雪の日に一族を集めて、子女たちと文章学問について語り合った。急に雪が降ってきた。謝公はうれしそうに言った。「ハラハラと降る雪は何に似ているか」。兄(謝拠《しやきよ》)の子の胡児(謝朗《しやろう》)が言った。「塩を空中にまけばやや似ている」。兄(謝奕《しやえき》)の娘(謝道蘊)が言った。「もっと似ているのは、柳のわた毛が風にふかれて飛ぶさま」。謝公は大いに笑い楽しんだ。

陶淵明《とうえんめい》――反骨の田園詩人

詩人
東晋・劉宋
365–427

隠遁詩人・田園詩人の代表格である陶淵明《とうえんめい》あざな元亮《げんりょう》（本名は陶潜《とうせん》、あざなが淵明だという説もある）は、東晋から劉宋《りゅうそう》の時代を生きた。彼の曾祖父陶侃《とうかん》は軍事的才能があり、西晋滅亡後、その命脈をついで江南に成立した東晋王朝初期の実力者の一人だった。倹約家の陶侃は晩年、皇帝をしのぐ巨万の富を積んだが、代が下るごとに零落し、陶淵明のころにはすっかり貧乏になっていた。

陶淵明は潯陽《じんよう》郡柴桑《さいそう》県（江西《こうせい》省九江《きゅうこう》市）に生まれ、少年のころから読書と農耕に明け暮れる日々をすごした。太元《たいげん》十八年（三九三）、二十九歳で生活のために地方官の職について以来、出仕と辞任を繰り返す。しかし、義熙《ぎき》元年（四〇五）、四十一歳のときに、「五斗米《ごとべい》の為に腰を折り郷里の小人《しょうじん》に向かう能《あた》わず（たかだか五斗の扶持米のために、田舎の小役人にへいこらできるものか）」と、彭沢《ほうたく》県（江西省）の知事を辞任したのを最後に、故郷の柴桑県に帰り、死に至るまで二十年あまり、文字どおり晴耕雨読、貧しさと戦いながら、悠然と隠遁生活をつづけた。ちなみに、「帰りなんいざ、田園将《まさ》に蕪《あ》れなんとす、胡《なん》ぞ帰らざる」と、隠遁の決意を表明した長篇詩「帰去来《ききょらい》の辞」が作られたのは、義熙二年、彭沢県知事を辞して帰郷した翌年にほかならない。

こうして陶淵明が隠遁生活に入ったころから、時代の雲ゆきがあやしくなってくる。屋台骨の傾いた東晋王朝はいよいよ末期症状を呈し、軍事権を掌握した叩き上げの軍人劉裕《りゅうゆう》が勢力をつよめて、東晋簒奪を狙いはじめたのである。陶淵明が隠遁した十五年後、永初《えいしょ》元年(四二〇)、周到に準備をととのえた劉裕はついに東晋を滅ぼして即位、劉宋王朝を立てる。実は、陶淵明はかつて無名時代の劉裕と同僚だったことがある。かてて加えて、陶淵明の曾祖父陶侃はなんといっても東晋の功臣である。こうしたさまざまな要素が絡みあい、陶淵明は劉裕が東晋を滅ぼしたやりかたを許すことができず、自分の著作にはけっして劉宋の年号を用いなかった。ささやかな、しかし頑強な抵抗の意思表示である。

隠遁したとはいえ、陶淵明には妻と五人の息子から使用人まで、大人数の扶養家族があった。彼は息子はそろって出来がわるいとか、食べるものもないとか、愚痴をこぼしながら、貧乏とひきかえに、暇さえあれば読書や詩作にふけるなど、何物にも拘束されない時間と精神の自由を獲得した。現在のこっている陶淵明の詩は約百三十首。その半数には酒のことが歌われている。まさに「篇篇《へんぺん》酒あり」である。酒を愛し、「菊を采《と》る　東籬《とうり》の下《もと》、悠然と南山を見る」（「飲酒二十首」其の五）と、悠然たる境地に遊んだ陶淵明。しかし、そんな彼の心の奥底に、かつての同僚劉裕が差配する時代状況に対する、屈折した怒りと頑強な抵抗の意志が秘められていることを、見落としてはならないだろう。

◆陶淵明の詩より「飲酒《いんしゅ》二十首」（其《そ》の五）

廬《ろ》を結《むす》びて人境《じんきょう》に在《あ》り　　結廬在人境
而《しか》も車馬《しゃば》の喧《かまびす》しき無《な》し　　而無車馬喧
君《きみ》に問《と》う　何《なん》ぞ能《よ》く爾《しか》るやと　　問君何能爾
心遠《こころとお》ければ地《ち》も自《おの》ずから偏《へん》なり　　心遠地自偏
菊《きく》を采《と》る　東籬《とうり》の下《もと》　　采菊東籬下
悠然《ゆうぜん》と南山《なんざん》を見《み》る　　悠然見南山
山気《さんき》　日夕《にっせき》に佳《よ》く　　山気日夕佳
飛鳥相《ひちょうあ》い与《とも》に還《かえ》る　　飛鳥相与還

此《こ》の中《うち》に真意《しんい》有《あ》り　　此中有真意
弁《べん》ぜんと欲《ほっ》して已《すで》に言《げん》を忘《わす》る　　欲弁已忘言

庵《いおり》を構えているのは、人里のなか。しかもうるさい車馬の音は聞こえてこない。どうしてそんなふうにできるのかね。心が俗世を超越していれば、土地もおのずと辺鄙《へんぴ》になるのさ。東の垣根で菊の花を折りとっているさい、ふと目に入ったのは悠然とそびえる南の山。山のたたずまいは夕暮れ時がことにすばらしく、鳥たちが連れだってねぐらを目指し飛んでゆく。この中にこそ宇宙の真実が存在する。だがそれを言い表そうとしたときには、すでに言葉を忘れていた。

顔之推《がんしすい》——流転の中で遺した家訓

文章家
梁—隋
531–591

『顔氏家訓《がんしかくん》』の著者、顔之推《がんしすい》あざな介《かい》は激動する時代状況に翻弄され辛酸をなめつくした。

彼の祖先は、東晋の功臣だった。以来、顔氏一族は学問を重視する地味な南朝貴族として、東晋・劉宋・斉《せい》・梁《りょう》と、めまぐるしく王朝が交替する時代をくぐりぬけてきた。

顔之推が生まれたのは、梁の武《ぶ》帝（五〇二—五四九在位）の在位中だった。梁の武帝は南朝きっての名君だが、晩年は衰え、五四八年、北方異民族王朝（北朝）東魏《とうぎ》の降将侯景《こうけい》が梁の首都建康《けんこう》を制圧したさい、餓死同然の状態で死去した。しかし、侯景の得意も長くはつづかず、五五二年、荊《けい》州（湖北省）を拠点とする武帝の七男蕭繹《しょうえき》らに滅ぼされる。この後、蕭繹が即位し梁の元《げん》帝となるが、建康には移らず、拠点である荊州の江陵《こうりょう》を首都とし、ここに居座った。

顔之推は元帝が即位する以前から彼に仕えていたが、五五一年、二十一歳のとき、荊州に攻め込んで来た侯景軍の捕虜となり建康に連行されるという痛切な体験をした。侯景の敗死後、荊州に生還し、愛書狂だった元帝の蔵書を整理・分類する文化官僚として活躍する。しかし、五五四年、北朝西魏《せいぎ》の軍勢の攻撃を受けて江陵は陥落、元帝は殺害され、顔之推はまたも妻子ともども捕虜となり、西魏の首都長安《ちょうあん》(陝西省《せんせい》)に連行される。

このあとも、顔之推は流転しつづけた。五五七年、江南帰還をめざし、家族を連れて西魏を脱出したが、こと志と食い違い、やはり北朝の北斉《ほくせい》(東魏の後身)に身を寄せる羽目になる。北斉で曲折をへながら漢民族官僚として生きること二十年、またまた窮地に追い込まれる。五七七年、北斉が北周《ほくしゅう》(西魏の後身)に滅ぼされ、顔之推は二十年前に必死で脱出した長安に強制移住させられたのである。ちなみに、北周はこの時点で北中国を統一したものの、やがて外戚《がいせき》の楊堅《ようけん》に滅ぼされる。この楊堅が即位して隋《ずい》の文《ぶん》帝となり、五八九年、南朝最後の王朝陳《ちん》を滅ぼし、中国全土を統一したのである。顔之推はこの間、長安で生きつづけ、隋の天下統一の二年後、ひっそりこの世を去ったという。ときに六十一歳。

顔之推は梁・北斉・北周・隋と四つの王朝を遍歴し、三つの王朝の滅亡に遭遇しながら、子孫にのこす訓戒のスタイルをとった『顔氏家訓』(全二十巻)を書きつづけた。この書物の内容は南北朝の社会状況の分析から学問論・言語論に至るまで、多岐にわたり、明晰《めいせき》な文章とあいまって、まさに古今の傑作にほかならない。顔之推が命がけで書きのこした『家訓』の効果はてきめん、彼の子孫から二人の逸材が出現する。一人は孫にあたる大歴史学者の顔師古《がんしこ》(五八一―六四五)、いま一人は顔之推の六代目の子孫にあたる大書家の顔真卿《がんしんけい》(七〇九―七八五)(本書七四頁)である。流転を繰り返した顔之推もって瞑《めい》すべきだといえよう。

◆顔之推の文より『顔氏家訓』勉学篇《べんがく》(部分)

学芸有《がくげいあ》る者《もの》は、地《ち》に触《ふ》れて安《やす》んず。荒乱《こうらん》より已来《いらい》、諸《もろ》もろ俘虜《ふりょ》せらる。百世《ひゃくせい》の小人《しょうじん》と雖《いえど》も、『論語《ろんご》』『孝経《こうきょう》』を読《よ》むを知《し》る者《もの》は、尚《な》お人《ひと》の師《し》と為《な》る。千載《せんざい》の冠冕《かんべん》と雖《いえど》も、書記《しょき》を暁《さと》らざる者《もの》は、田《た》を耕《たがや》し馬《うま》を養《やしな》わざる莫《な》し。此《こ》れを以《もっ》て之《これ》を観《み》れば、安《いず》くんぞ自《みずか》ら勉《つと》めざる可《べ》けんや。若《も》し能《よ》く常《つね》に数百巻《すうひゃくかん》の書《しょ》を保《たも》たば、千載終《せんざいつい》に小人《しょうじん》と為《な》らざるなり。

学問のある者はどこへ行っても心配ない。荒乱(侯景の乱)このかた、多くの者が捕虜になったが、先祖代々、身分の低い家の出身者でも、『論語』や『孝経』の読み方を知っている者は、それでも人の先生になった。これに対して、先祖代々、貴族の家柄の出身でも、読み書きが不得手な者は、みな田畑を耕し馬を飼育するほかなかった。この例から考えると、学問に励まないわけにはいかない。つねに数百巻の書物を保有できれば、千年たっても身分の低い階層に落ちぶれることはない。

Ⅱ 統一王朝の興亡

「白髪三千丈、愁いに縁って箇の似く長し」
――李白の詩より

1

政治と詩の世界——唐・五代

則天武后《そくてんぶこう》—恐るべきカリスマ

皇帝
唐
624-705

四百年におよぶ魏晋南北朝《ぎしんなんぼくちょう》の乱世に終止符をうち、中国全土を統一したのは、北朝（北方異民族系王朝）の隋《ずい》王朝（五八一―六一八）だった。しかし、隋は四十年たらずで滅亡、ついで成立したやはり北朝系の唐《とう》王朝（六一八―九〇七）は約三百年つづく大王朝となった。唐王朝繁栄の基礎を築いたのは、第二代皇帝の太宗《たいそう》（六二六―六四九在位）である。

中国史上、空前絶後の女性皇帝となった則天武后《そくてんぶこう》は、もともと太宗の後宮の宮女だった。太宗在世中、鳴かず飛ばずだった則天武后の人生は、太宗の死後、即位した息子の高宗《こうそう》（六四九―六八三在位）に愛されたことにより、一気に上昇気流に乗る。

野心家の彼女は周到に術策を弄して、現皇后の王《おう》氏を蹴落し、永徽《えいき》六年（六五五）、晴れて皇后の座につく。ときに三十二歳。実は、この皇后交替劇は政治的にも深い意味があった。このとき、北朝貴族出身の王皇后を支持したのは、従来から政治機構の中核を占めた貴族層であり、則天武后を支持したのは、門閥に関わりなく科挙《かきょ》に合格して官界に入った新興官僚層だった。ちなみに、則天武后の父は投機的な材木商から地方長官に転身した新興官僚である。激烈な権力闘争のあげく、則天武后派が勝利をおさめたが、これは彼女の後押しをした新興官僚層が、世襲貴族や軍閥からなる旧勢力をおさえる新しい時代の到来を告げるものだった。

歴史の転換を体現する存在だった則天武后には抜群の政治力があり、しだいに病弱で無能な高宗にかわって、国政を左右するようになる。かくして弘道《こうどう》元年(六八三)、高宗が死去すると、実子の中宗《ちゅうそう》や睿宗《えいそう》を傀儡《かいらい》皇帝に仕立てる一方、秘密警察を動かして反対勢力を次々に抹殺し、皇帝になる準備をすすめた。則天武后にはカリスマ性があり、もともと民衆にはたいへん人気があった。載初《さいしょ》元年(六九〇)、六十七歳の則天武后はついに即位し、周王朝を立てる。この「武周《ぶしゅう》革命(武は則天武后の姓)」によって、唐王朝はいったん滅亡する。

門閥主義を打倒した変革者、権力奪取のために手段を選ばぬ陰謀家等々、則天武后にはさまざまな顔があった。また彼女は合理的で有能な大政治家であるとともに、恐るべき神秘主義者でもあった。まさに偉大にして不気味、複雑多様な要素の複合体だったのである。こうした合理と非合理の分かちがたい複合が、彼女のカリスマ性をますます高めたといえよう。しかし、偉大なるカリスマ皇帝、則天武后の最期はあまりにも無惨なものであった。神龍《しんりゅう》元年(七〇五)、退位させた息子の中宗をかつぐクーデタがおこり、病床にあった則天武后は譲位させられたのである。こうして唐王朝は再興され、則天武后の周王朝はわずか十五年で消滅した。この十か月後、則天武后は波乱万丈の生涯を閉じる。ときに八十二歳。

◆則天武后の伝記より『旧唐書《くとうじょ》』則天武后本紀

永徽《えいき》六年《ろくねん》、王皇后《おうこうごう》を廃《はい》し武宸妃《ぶしんひ》を立《た》てて皇后《こうごう》と為《な》す。高宗《こうそう》は天皇《てんこう》と称《しょう》し、武后《ぶこう》も亦《ま》た天后《てんこう》と称《しょう》す。后《こう》は素《もと》もと智《ち》計多《けいおお》く、兼《か》ねて文史《ぶんし》に渉《わた》る。帝《てい》は顕慶《けんけい》より已後《いご》、多《おお》く風疾《ふうしつ》に苦《くる》しみ、百司《ひゃくし》の表奏《ひょうそう》は、皆《み》な天后《てんこう》の詳決《しょうけつ》に委《まか》す。此《こ》れより内《うち》に国政《こくせい》を輔《たす》くること数十年《すうじゅうねん》、威勢《いせい》は帝《てい》と異《こと》なる無《な》く、当時称《とうじしょう》して「二聖《にせい》」と為《な》す。

永徽六年、王皇后を廃して武宸妃(則天武后)を皇后に立てた。高宗は天皇と称し、武后も天后と称した。武后はもともと知略にすぐれ、文史の知識も兼ね備えていた。顕慶年間(六五六―六六一)以後、皇帝はしばしば卒中の症状に苦しめられ、百官の上奏はすべて天后の決裁に委ねられた。これ以後、国政を輔佐すること数十年にわたり、その威勢は皇帝と変わらず、当時「二聖」と称された。

李白《りはく》——夢を追う放浪者

詩人
唐
701–762

盛唐《せいとう》の大詩人李白《りはく》あざな太白《たいはく》の生涯はさまざまな伝説に彩《いろど》られている。彼は蜀《しょく》(四川《しせん》省)の大商人の家に生まれ、幼いときから学問優秀、詩文の才能も抜群だった。ただ、唐代の科挙は未整備であり、商人階層は受験できない規則があった。このため、李白には受験資格がなく、ありあまる能力を有しながら、正規のルートで世に出ることができなかった。このことが李白の生涯を左右したのは否めない事実である。

世に出る道をふさがれた李白は、十代後半から二十代前半にかけて、蜀の各地を放浪し、修行を積む道士(道教の僧侶)と山中で暮らすなど、気ままな生活を送った。この時期にはじまった李白の放浪癖は生涯つづくことになる。かくして開元《かいげん》十二年(七二四)、二十四歳のとき、父から多額の資金をもらいうけて諸国漫遊の旅に出発、まず風光明媚な江南各地を遍歴した。この遍歴には二つの目的があった。一つは李白生来の放浪志向を満足させること、今ひとつは世に出るべく科挙以外の道を模索することである。せんじつめれば、李白は生涯にわたって、放浪・隠遁志向と出世志向の両極端を揺れ動いた人だった。

江南を遍歴すること三年、やがて李白は安陸《あんりく》(湖北省)に住む元宰相の孫娘許《きょ》氏と結婚した。ただ、元宰相の栄光は過去のものであり、世に出たい李白をバックアップするには至らなかった。この結果、李白の放浪癖はますますつのり、開元二十八年(七四〇)、妻の許氏が死去するまで安陸を拠点としつつ、北へ南へと中国各地を遍歴した。妻の死後も隠遁と放浪を繰り返す日々がつづくが、天宝《てんぽう》元年(七四二)、ひょんなことから待望久しき世に出るチャンスがめぐってくる。友人の道士の推薦で、玄宗《げんそう》皇帝(七一二―七五六在位)に召しだされたのである。

こうして首都長安《ちょうあん》にやって来た李白は「謫仙人《たくせんにん》(天上から人間界に流された仙人)」と称賛され、人々の注目を浴びた。玄宗も李白が気に入り側近く仕えさせたが、自由奔放な李白に皇帝のご機嫌をうかがう宮廷文人の役はとてもつとまらない。おまけに、老齢に達した玄宗は楊貴妃《ようきひ》との歓楽におぼれ、その周囲を取り巻くのは品性下劣な小人ばかり。すっかり失望した李白は出世願望はどこへやら、泥酔して玄宗の寵愛する宦官高力士《こうりきし》に自分のはいている沓《くつ》をぬがせるなど、傍若無人《ぼうじゃくぶじん》な狂態をくりかえしたあげく、さっさと辞職し長安を立ち去ってしまう。けっきょく李白が玄宗に仕えたのは一年数か月にすぎなかった。

こうして李白は放浪と遍歴の生活に舞いもどり、それなりに充実した日々を送る。しかし、十一年後の天宝十四年、「安史《あんし》(安禄山《あんろくざん》・史思明《ししめい》)の乱」が勃発、李白はこれに巻き込まれて逮捕・投獄される。幸い恩赦によって無罪放免となった三年後の宝応《ほうおう》元年(七六二)、病気によって死去。ときに六十二歳。舟遊びをしている最中、水に浮かんだ月を取ろうとして、舟から転落死したという説もある。いかにも見果てぬ夢を追いかけつづけた李白らしい伝説ではある。

◆李白の詩より「秋浦《しゅうほ》の歌《うた》」(其《そ》の十五)

白髪三千丈《はくはつさんぜんじょう》
愁《うれ》いに縁《よ》って　箇《か》くの似《ごと》く長《なが》し
知《し》らず　明鏡《めいきょう》の裏《うち》
何《いず》れの処《ところ》よりか　秋霜《しゅうそう》を得《え》たる

白髪三千丈
縁愁似箇長
不知明鏡裏
何処得秋霜

白髪がなんと三千丈にもなっている。愁いのせいで、こんなに長くなったのだ。明るい鏡のなかの頭に、いったいどこから秋の霜が降ってきたのやら。

顔真卿《がんしんけい》――剛直なる大書家

唐の顔真卿《がんしんけい》あざな清臣《せいしん》は王羲之《おうぎし》(本書四九頁)につぐ大書家として知られる。彼は南北朝末期、流転を繰り返しながら『顔氏家訓《がんしかくん》』を著した顔之推《がんしすい》(本書六二頁)の六代目の子孫にあたる。学問を重視する顔氏一族の家風は代々受け継がれたが、これに加えて顔真卿の曾祖父の代以降は書を重んじ、祖父も父も兄弟も能筆家であった。このように顔氏一族は知的・芸術的にはすこぶるハイレベルだが、経済的には恵まれず、暮らし向きはいたって質素だった。

そこで、顔真卿も他の寒門(名門でない家柄)出身の秀才と同様、科挙に挑戦し、開元《かいげん》二十五年(七三七)、二十九歳で合格、官界入りを果たす。しだいに昇進して要職を歴任、剛直な良心派官僚として活躍するが、天宝十二年(七五三)、四十五歳のときに、玄宗《げんそう》の寵姫楊貴妃《ようきひ》の親類で、当時、宰相として権力をふるった楊国忠《ようこくちゅう》に憎まれ、地方に飛ばされて平原《へいげん》郡(山東《さんとう》省)の長官となる。これが、顔真卿の一大転機となった。

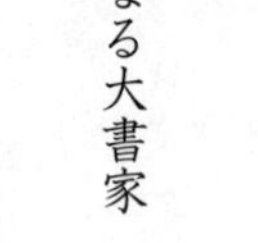

書家
唐
709–785

彼が平原に赴任した二年後の天宝十四年十一月、「安史の乱」が勃発、河北《かほく》・山東地域の郡県は強大な軍勢を有する安禄山に恐れをなして、たちまちその勢力下に入った。しかし、顔真卿と常山《じょうざん》郡(河北省)の長官だった従兄《いとこ》の顔杲卿《がんこうけい》だけは徹底抗戦の構えを崩さず、義軍をつのって安禄山軍と果敢に戦いつづけた。顔杲卿はまもなく安禄山軍に包囲されて敗れ、むごたらしいかたちで処刑されるが、顔真卿はなおも孤立無援の戦いを続行すること数か月、天宝十五年十一月、陥落寸前にようやく平原を脱出したのだった。けっきょく、安史の乱勃発からまる一年、顔真卿は圧倒的劣勢のもとで安禄山軍と対抗しつづけたことになる。この不屈の奮戦によって、後世、彼の評価は高まる一方となる。

しかし、顔真卿自身のその後の人生はけっして安泰ではなかった。平原を脱出した彼は、玄宗が退位したあと、鳳翔《ほうしょう》(陝西省《せんせい》)で即位した粛宗《しゅくそう》のもとに行き、安史の乱がいちおうおさまると、粛宗について長安にもどり要職につく。以後、粛宗・代宗《だいそう》・徳宗《とくそう》と三代の皇帝に仕えたが、しばしば猛威をふるう宦官や重臣と衝突しては地方に左遷された。

こうして左遷と朝廷復帰を繰り返したあげく、建中《けんちゅう》三年(七八二)には、彼を敵視する重臣の差し金で、反乱を起こした節度使《せつどし》(軍政長官)の李希烈《りきれつ》のもとに使者として派遣される。これがけっきょく顔真卿の命取りになった。彼は李希烈のもとで三年間、拘留された果てに殺害されたのである。ときに七十七歳。

生涯にわたって、毅然として剛直だった顔真卿の書は、がっちりと骨太い楷書体も、のびやかで自在な行書体・草書体も、王羲之の優美な書とは異なり、その生き方さながら気迫のこもった力強さにあふれている。まさに書は人なりである。顔真卿の書は、その稀有《けう》の生涯への感嘆とあいまって、後世の書家にはかりしれないほど大きな影響を与えた。

◆顔真卿の書より「竹山堂連句《ちくざんどうれんく》詩帖《しちょう》」(部分)

白楽天《はくらくてん》——誠実な「大常識人」

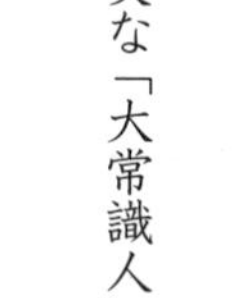

詩人
唐
772-846

「長恨歌《ちょうごんか》」で知られる中唐《ちゅうとう》の大詩人、白居易《はくきょい》あざな楽天《らくてん》は寒門の出身だが、幼いころからずばぬけて聡明だった。当時、寒門出身の秀才が世に出るための登龍門《とうりゅうもん》は科挙に合格することであり、白楽天も受験勉強にいそしんだ結果、二十九歳で進士《しんし》科（科挙の科目の一つ）に合格、この三年後にはさらに上級の官吏任用試験に首席合格して、宮中の書籍を管理する秘書省《ひしょしょう》校書郎となり、念願の官界入りを果たした。やはり高名な詩人・小説家の元稹《げんしん》（七七九―八三一）もこのとき上級官吏任用試験に合格して校書郎となり、これを機に、二人は生涯の親友になった。さらなる飛躍をめざす白楽天と元稹はこの三年後の元和《げんな》元年（八〇六）、特別任用試験の「制挙《せいきょ》」に挑戦、元稹が首席、白楽天がこれに次ぐというすばらしい成績で合格した。ときに白楽天三十五歳。

こうして白楽天は高級官僚としての道を歩みはじめるが、彼はけっして上昇志向につかれた出世主義者ではなかった。それどころか、皇帝に直接ものが言える立場になると、しばしば貪欲な宦官や悪徳官僚をきびしく糾弾した。のみならず、彼は重税や労役に苦しむ民衆に心を痛め、みずから腕をへし折り、過酷な徴兵を忌避した老人の姿を歌った長篇詩「新豊《しんぽう》の臂《うで》を折りし翁《おきな》」をはじめ、政治悪を批判する「諷喩《ふうゆ》詩」を数多く作った。白楽天の批判的な態度は、身にやましいところのある重臣や有力者の反感をそそり、元和十年、四十四歳のとき、ついに長安から追放され、江州《こう》(江西省《こうせい》)の地方役人に左遷されてしまう。

しかし、白楽天はめげることなく妻とともに江州に赴任し、草堂を築いて地方暮らしを楽しみつつ、詩作にはげんだ。妻の楊《よう》氏は名門の出身だったけれども、聡明にして温和、白楽天にとって最高の女性、理想的な妻だった。白楽天の代表作「長恨歌」は終始一貫、玄宗《げんそう》皇帝と楊《よう》貴妃《きひ》の恋を華麗に歌いあげた作品だが、権力者の腐敗に過敏な白楽天が、玄宗の堕落の原因でもある楊貴妃を批判するどころか、手放しで称揚するのは、楊貴妃にたまたま同姓である最愛の妻、楊氏のイメージを重ねたためだとするおもしろい説もある。

元和十五年(八二〇)、状況が好転して朝廷に呼びもどされた白楽天は、以後、会昌《かいしょう》二年(八四二)、七十一歳で引退するまで、ずっと官界に身を置きそれなりに高いポストを占めたが、もはや往年のようなはげしさを見せることはなく、かといって時流におもねることもなく、悠々たる文人官僚として生きた。総じて、白楽天は家庭を愛し、元稹をはじめ多くの友人と交遊する、誠実な大常識人であった。彼の詩風もまた平明そのものであり、広い階層の人々から愛読された。ちなみに、白楽天は詩を作るたびに文字を知らない老女に読んで聞かせ、彼女が聞いてわからない箇所はわかるまで書き直したとされる。いかにも、終生、庶民感覚を大切にした大常識人らしい逸話だといえよう。

◆白楽天の詩より「重題(重《かさ》ねて題《だい》す)」

日《ひ》高《たか》く睡《ねむ》り足《た》れるも　猶《な》お起《お》きるに慵《ものう》し
小閣《しょうかく》に衾《ふすま》を重《かさ》ねて　寒《さむ》さを怕《おそ》れず
遺愛寺《いあいじ》の鐘《かね》は枕《まくら》を欹《そばだ》てて聴《き》き
香炉峰《こうろほう》の雪《ゆき》は簾《すだれ》を撥《かか》げて看《み》る
匡廬《きょうろ》は便《すな》わち是《こ》れ名《な》を逃《の》がるるの地《ち》
司馬《しば》は仍《な》お老《お》いを送《おく》るの官為《かんた》り
心泰《こころやす》く身寧《みやす》きは是《こ》れ帰《き》する処《ところ》
故郷《こきょう》は何《なん》ぞ独《ひと》り長安《ちょうあん》にのみ在《あ》らんや

日高睡足猶慵起
小閣重衾不怕寒
遺愛寺鐘欹枕聴
香炉峰雪撥簾看
匡廬便是逃名地
司馬仍為送老官
心泰身寧是帰処
故郷何独在長安

日が高くのぼり、睡眠はたっぷりとったが、まだ起きるのがものうい。小さな中二階で布団を重ねて寝ているから、寒さもこわくない。遺愛寺から聞こえる鐘の音は枕を斜めに傾けて聞き、香炉峰の雪は簾《すだれ》をかかげて見る。匡廬（廬山）は世俗の名誉から身を避ける土地であり、司馬というささやかな官職も老年を送るにふさわしい職だ。心身ともに安らかでいられる場所こそ、安住の地。故郷は長安だけとはかぎらない。

魚玄機

ぎょげんき——悲劇の女性詩人

詩人
唐
843?–868?

詩の黄金時代である唐代には、李白・杜甫を筆頭に傑出した詩人が輩出し、女性のなかからもすぐれた詩人が出現する。薛濤《せっとう》（七六八?―八三一?）と魚玄機《ぎょげんき》はその代表的存在である。薛濤は成都《せいと》（四川《しせん》省）の有名な妓女、魚玄機は長安の妓楼の娘（養女）というふうに、両者とも花柳の巷《ちまた》に生きる女性だった。

唐代の名妓には詩作の素養が不可欠だった。地位も教養もある男たちは、才色兼備の名妓としゃれた会話をかわし、詩を贈りあうことに無上の喜びをおぼえたのである。こうした雰囲気のなかから続々と妓女詩人が誕生し、薛濤・魚玄機というずばぬけた女性詩人が出現した。

薛濤は生き方も詩風もきわめて穏やかだが、魚玄機は対照的にはげしい生き方と大胆な詩風を特徴とする。唐王朝が没落の一途をたどる晩唐《ばんとう》に生を受けた魚玄機は、幼くして長安の妓楼の養女となった。聡明な彼女は読書や作詩を好み、彼女を「揺金樹《ようきんじゅ》（金のなる木）」と見込んだ養父母も家庭教師につけて詩の作り方を学ばせるなど、投資を惜しまなかった。

抜群の詩的才能をもつ美少女に成長した魚玄機は長安の名士の注目を集め、はなやかな日々を送る。しかし、いつまでも浮き草稼業をつづける気のない彼女は、やがて李億《りおく》という素封家《そほうか》の御曹司に望まれたのをしおに、花柳界から足を洗い、彼のもとに嫁ぐ。もっとも、李億には正妻があり、実際には側室にすぎなかったのだけれども。ともあれ、これで安定した生活が送れるかと思いきや、二年たらずで李億は心変わりし、魚玄機はあっさりお払い箱にされてしまう。この屈辱的体験によって、魚玄機は回復不能の深傷《ふかで》を負った。

この後、魚玄機は長安の由緒ある道観《どうかん》(道教寺院)である咸宜観《かんぎかん》に入り、女道士となる。道教風の出家をしたわけだが、道観は出入り自由であり、名高い詩人である彼女のもとには詩を求める訪問者が絶えなかった。かくして数年、李億の背信行為によって傷ついた心もようやく癒され、魚玄機に新しい恋人ができた。しかし、裏切られることへの恐怖におびえる彼女は、やがて誤解にもとづく凄惨な事件を引き起こしてしまう。彼女が不在のとき、たまたま恋人が訪れ、留守番の侍女が応対した。恋人が立ち去ったあと、帰宅した魚玄機は二人の関係を疑い、侍女を責め殺してしまったのだ。聡明な女性詩人の起こした愚かな犯罪。魚玄機が処刑されたのは、それからまもなくのことだった。ときに二十六歳。

ありあまる才能をもちながら自立のすべもなく、不実な男に翻弄された後遺症で、ついにわが身を滅ぼした魚玄機。そんな彼女の詩はなりふりかまわぬ、切迫した自己告白の響きにあふれている。付言すれば、森鷗外の短篇小説「魚玄機」は、この悲劇的な女性詩人の姿を美しく虚構化した作品にほかならない。

◆**魚玄機の詩より**「遊崇真観南楼覩新及第題名処（崇真観《すうしんかん》の南楼《なんろう》に遊《あそ》び新及第《しんきゅうだい》の題名《だいめい》の処《ところ》を覩《み》る）」

雲峰満目《うんぽうまんもく》　春晴《しゅんせい》を放《はな》つ
歴歴《れきれき》　銀鉤《ぎんこう》　指下《しか》に生《しょう》ず
自《みずか》ら恨《うら》む　羅衣《らい》の詩句《しく》を掩《おお》うを
頭《こうべ》を挙《あ》げて　空《むな》しく羨《うらや》む榜中《ぼうちゅう》の名《な》

雲峰満目放春晴
歴歴銀鉤指下生
自恨羅衣掩詩句
挙頭空羨榜中名

みはるかす雲の峰々が、春の光をあびて、輝きを放つ風景のもと、進士になりたての人々の名前が、道観の壁に力のこもった筆づかいで、くっきりと記されてゆく。恨めしいのは、この身がうす絹をまとう女であること。いくら詩の才能があってもどうにもならず、ただ頭をあげて、榜(立て札)に公示される進士及第者の名を、羨ましくながめるだけ。

馮道《ふうどう》――「家に孝、国に忠」

政治家
後唐―後周
882-954

三百年近くつづいた唐王朝の滅亡後、中国は南北に分裂し、北中国では後梁《こうりょう》（九〇七―九二三）、後唐《こうとう》（九二三―九三六）、後晋《こうしん》（九三六―九四六）、後漢《こうかん》（九四七―九五一）、後周《こうしゅう》（九五一―九六〇）の五つの王朝（五代《ごだい》）が興亡し、南中国では十国が乱立した。いわゆる五代十国《ごだいじっこく》（九〇七―九六〇）の乱世である。馮道《ふうどう》あざな可道《かどう》は五王朝（後唐、後晋、遼《りょう》、後漢、後周）、十一人の皇帝に仕え、二十年あまり宰相のポストを占めた異色の大政治家である。

瀛《えい》州景城《けいじょう》県（河北省）の中小地主の家に生まれた馮道は少年時代から勉強家で文才に恵まれていたが、温厚かつ地道な性格であり、けっして自分の才をひけらかすことはなかった。転身に転身をかさねた生涯においても、終始一貫、この本来の性格は変わらなかった。馮道は九二七年、四十六歳のとき、後唐第二代皇帝の明宗《めいそう》に、博学多才と他人との摩擦を好まぬ性格を買われて宰相に抜擢され、政治の表舞台に躍り出た。

明宗の死後、その息子が後継皇帝となるが、これを不満とする養子の李従珂《りじゅうか》が挙兵、都洛陽《らくよう》に攻め寄せ、後継皇帝はふるえあがって逃亡してしまう。このとき、依然として宰相の地位にあった馮道は、後継皇帝と行をともにせず、李従珂に勧進文《かんじんぶん》を捧げ、帝位につくよう勧めるという挙に出た。このとき、反対する同僚に向かって、馮道は「事はまさに実を務《つと》むべし(何事も現実第一だ)」と言ってのけた。偉大なる現実主義者の面目躍如である。

これ以後、馮道はしばしば類似した状況に遭遇するが、そのたびにこの発言どおり現実を直視して時代の流れにさからわず、次々に交替する王朝において、つねに行政のプロフェッショナルとして重用され、政治の中枢に身をおきつづけた。古来、こうした馮道の生き方を無節操にして破廉恥だと非難する向きも多い。しかし、軍事力を持つ者が次々に主導権を握った五代の乱世において、行政担当の文官である馮道にしてみれば、入れかわり立ちかわり出現する権力者にいちいち忠義だてをしていては、とても身がもたない。

後年、馮道は「長楽老自叙《ちょうらくろうじじょ》」と題する自叙伝を著し、自分は終始一貫、「家に孝、国に忠」であったと述べている。この発言のポイントは「君に忠」ではなく、「国に忠」だとしているところにある。めまぐるしく交替する「君」に忠義だてをするのではなく、「国」すなわち国家を構成する基礎である民衆のために尽くしてきたと、明言するのである。彼が乱世状況のもとで困窮する民衆のために、あたうる限り尽力したのは紛れもない事実だった。ずっと時代が下った十六世紀末、明《みん》末の異端の思想家李卓吾《りたくご》(本書一二九頁)は、このように「君」よりも「国」を重視した馮道の生き方を高く評価し、それまでの馮道評価を百八十度転換させた。

乱世の宰相馮道は九五四年、七十三歳でこの世を去った。この六年後、五代最後の王朝後周が滅亡、乱世状況を終息させた統一王朝宋《そう》が成立する。

◆**馮道の文より**「長楽老自叙」(部分)

蓋《けだ》し国恩《こくおん》に自《よ》り、尽《ことごと》く家法《かほう》に従《したが》い、訓誨《くんかい》の旨《し》を承《う》け、教化《きょうか》の源《みなもと》に関《かか》わり、家《いえ》に孝《こう》なるに在《あ》り、国《くに》に忠《ちゅう》なるに在《あ》り、口《くち》に不道《ふどう》の言《げん》無《な》く、門《もん》に不義《ふぎ》の貨《か》無《な》し。願《ねが》う所《ところ》の者《もの》は、下《した》に地《ち》に欺《あざむ》かず、中《なか》に人《ひと》に欺《あざむ》かず、上《うえ》に天《てん》に欺《あざむ》かず、三不欺《さんふぎ》を以《もっ》て素《もと》と爲《な》す。

けだし国恩により、ことごとく家法に従い、訓戒の旨を承け、教化の源に関わり、家に孝、国に忠であることを重んじ、無道の言葉を吐かず、不正な財貨を蓄えることもなかった。願ってきたのは、下には地に欺かず、中には人に欺かず、上には天に欺かないことであり、この三不欺を根本としてきた。

李煜《りいく》――歓楽の日々の果てに

皇帝
南唐
937-978

唐王朝の滅亡後、江南には呉《ご》・南唐《なんとう》・前蜀《ぜんしょく》・後蜀《こうしょく》・南漢《なんかん》・楚《そ》・呉越《ごえつ》・閩《びん》・南平《なんぺい》(荊南《けいなん》)が乱立した(これらは北方の北漢《ほくかん》とあわせて十国《じっこく》と称される)。李煜《りいく》はこの十国の一つ、南唐(九三七―九七五。首都は金陵《きんりょう》すなわち南京)の三代目にして最後の君主であり、李後主《りこうしゅ》と呼ばれる。

九六一年、李煜は父の後を継ぎ、二十五歳で君主の座につく。この前年、北宋《ほくそう》王朝の初代皇帝太祖《たいそ》(趙匡胤《ちょうきょういん》。九六〇―九七六在位)が即位、華北の統一に成功していた。江南平定をめざす北宋の圧迫が強まるなかで、李煜は南唐君主になったわけだが、江南の豊かな富を集めた宮廷で、亡国の寸前まで十四年にわたり、とびきり優雅で豪華な生活を送った。彼は教養が高く、書画・骨董・音楽等々に通じた趣味人であり、晩唐《ばんとう》からさかんになった文学ジャンル「詞《ツー》」の名手でもあった。詞は詩とは異なり、一首のうちに長句・短句を織りまぜ、一定のメロディーに合わせて作られるものである。

李煜の華麗な宮廷生活を示す逸話は数多い。こんな話がある。南唐の滅亡後、金陵に駐屯した北宋軍の大将がある夜、李煜の宮女の一人を自室に呼んだ。すると、彼女は灯火やロウソクが煙くて、目をあけていられないと言う。彼女のいた南唐の宮廷では、毎夜、大きな宝玉をかけて部屋を照らしていたとのこと。よほどの大きさと輝きをもつ宝玉でなくては夜間照明の代用にはならない。李煜の豪華な暮らしぶりがうかがえる話である。

北宋以降、またたくまに広がった纏足《てんそく》の奇習も、李煜の宮廷にいたスリムな身体つきの窅《よう》娘《じょう》というダンサーに始まるとされる。李煜が彼女の足を布で小さく縛り、白い靴下をはかせて舞わせたところ、あたかも天女が空高く舞い上がって行くようにみえたという。

こうして、頽廃の気配濃厚ながら、六朝《りくちょう》時代からの命脈をはるかに受け継ぐ、高度に洗練された文化が花咲いた李煜の南唐も、北宋の開宝《かいほう》八年（九七五）冬、長江を渡った北宋軍の猛攻を受けて首都金陵が陥落、ついに滅亡の日をむかえる。李煜は家族ともども北宋の首都開封《かいほう》に護送され、二年間、幽閉されたのち、太平興国《たいへいこうこく》三年（九七八）に死去した。ときに四十二歳。一説によれば、北宋の太祖に毒入りの酒を飲まされ殺害されたという。

李煜は亡国の君主として悲劇的な最期を遂げたが、幽閉生活の間に作られたその詞は、南唐のデカダンな歓楽の日々の作品とは打って変わり、亡国の悲しみや望郷の思いが凝結した絶唱にほかならない。李煜によって成熟の度を高めた詞のジャンルは、以後、宋代を通じて文学の主要ジャンルの一つになってゆく。亡国の悲劇が詞人《しじん》李煜の飛躍のバネになったという、この皮肉なめぐりあわせこそ、清《しん》の歴史家趙翼《ちょうよく》(本書一七四頁)の言葉を借りるならば、「国家の不幸は詩家の幸い」を地でゆくものだったといえよう。

◆李煜の詞より「浪淘沙令《ろうとうしゃれい》」

簾外《れんがい》に雨《あめ》は潺潺《せんせん》たり
春意《しゅんい》　闌珊《らんさん》たり
羅衾《らきん》は耐《た》えず五更《ごこう》の寒《さむ》きに
夢《ゆめ》の裏《うち》に身《み》は是《これ》れ客《かく》なるを知《し》らずして
一餉《いっしょう》　歓《よろこ》びを貪《むさぼ》りぬ

独自《ひとり》　欄《らん》に憑《よ》ること莫《な》かれ
無限《むげん》の江山《こうざん》
別《わか》るる時《とき》は容易《やす》きに　見《まみ》ゆる時《とき》は難《かた》し

簾外雨潺潺
春意闌珊
羅衾不耐五更寒
夢裏不知身是客
一餉貪歓

独自莫憑欄
無限江山
別時容易見時難

流水落花春去也
天上人間

流《なが》るる水《みず》　落《ち》りゆく花《はな》　春去《はるさ》りゆきぬ
天上《てんじょう》　人間《じんかん》

簾《すだれ》の外に雨はザアザアと降り、春の気配は衰えゆく。うすぎぬの夜具では忍びがたい夜明けの寒さ。夢のうちでは、さすらいのわが身を忘れ、しばしの喜びにひたっていたのだが。

ひとり欄干によりかかって眺めやるのはよそう、（故郷まで）果てしなく連なる山川を。別れる時はたやすく訪れるが、めぐり会う時はめったにない。流れる水、散りゆく花とともに、春は過ぎ去ってしまった。天上世界と人間世界ほどの隔たりを残して。

2　新しい知識人たち——宋

林逋 りんぽ ― 梅の花を妻として

詩人
北宋
967-1028

林逋《りんぽ》あざな君復《くんふく》は、北宋《ほくそう》初期の高名な隠遁詩人である。彼は唐王朝滅亡後、五十余年つづいた五代十国《ごだいじっこく》の乱世（九〇七―九六〇）において、十国の一つ、呉越《ごえつ》（九〇七―九七八。首都は杭州《こうしゅう》）に生をうけた。祖父は呉越の高官である。太平興国《たいへいこうこく》三年（九七八）、呉越が宋に滅ぼされたとき、林逋は十二歳だった。少年時代に亡国の憂き目にあい、深く傷ついたことは、彼の生涯に大きな影響を与えた。

付言すれば、建隆《けんりゅう》元年（九六〇）に成立した宋王朝（北宋九六〇―一一二六。南宋一一二七―一二七九）は、初代皇帝の太祖《たいそ》（趙匡胤《ちょうきょういん》。九六〇―九七六在位）の在世中に北中国を統一、南中国の十国のうち、呉越をのぞく九国を滅ぼした。これをうけて、宋第二代皇帝の太宗《たいそう》（九七六―九九七在位）が呉越を滅ぼし、中国全土を統一したのである。

こうして新しい時代が始まったにもかかわらず、時勢と歯車の嚙みあわなかった林逋は、二十歳ごろから二十年近く江北・江南の各地を遍歴しつづけた。この間、どうして生活の糧を得ていたか不明だが、すでに著名な詩人だった林逋は各地の詩会に出席しており、これで報酬を得ていたのかもしれない。やがて長期の遍歴で身体を壊した林逋は、景徳《けいとく》三年(一〇〇六)、故郷の杭州にもどり、西湖《せいこ》のほとりの孤山《こざん》で隠遁生活に入る。ときに四十歳。

隠者となった林逋は文字どおり無欲恬淡《てんたん》、鶴や子鹿とともに気ままに自由な暮らしを楽しんだ。林逋の不在のときに客が来ると、鶴の鳴皐《めいこう》が大空を飛んで知らせに行き、客を歓待するための酒は、子鹿の呦呦《ゆうゆう》が首にお金を入れた籠をぶらさげ、杭州城内まで買いに行ったという。病身のため生涯独身だった林逋は、鶴の鳴皐を子供に、子鹿の呦呦を召使いに、さらに梅を妻に見立てたとされる。彼は梅マニアであり、梅に囲まれて暮らし、また詩も梅を題材にした作品に秀作が多い。

林逋は隠遁前から名高い詩人であり、隠遁後はますます詩作にはげんだが、書くはしから破り棄てたため、現存するのは三百首あまりにすぎない。しかし、中国でも日本でも古来、透明感のある清新な詩風に魅せられた林逋ファンが多い。ちなみに、彼は詩のほか、文人趣味の基本である「琴棋《きんき》書画《しよが》(音楽、囲碁、書、画)」のすべてに精通していた。

すぐれた詩人・文人にして世俗に無関心な隠者、林逋の名声はしだいに高まり、当時の皇帝

(宋第三代皇帝の真宗《しんそう》)は食糧や衣料を贈り、地方長官のなかには自分の俸給の一部を贈る者もあった。こうした資金援助が林逋の隠遁生活の支えになったと思われるが、彼自身はいくら援助をうけても、恩義にも負担にも感じることなく、平然としていた。どうして大した肝《きも》のすわりようである。かくして、みずからの快楽原則にのみ従って隠者暮らしを続行すること二十有余年、天聖《てんせい》六年(一〇二八)、林逋は病没した。ときに六十二歳。

◆林逋の詩より「梅花《ばいか》」

衆芳《しゅうほう》は揺落《ようらく》せしに独《ひと》り暄妍《けんけん》たり　衆芳揺落独暄妍
風情《ふうじょう》を占《し》め尽《つ》くして小園《しょうえん》に向《む》こう　占尽風情向小園
疎影《そえい》　横斜《おうしゃ》　水《みず》　清浅《せいせん》　疎影横斜水清浅
暗香《あんこう》　浮動《ふどう》　月《つき》　黄昏《こうこん》　暗香浮動月黄昏
霜禽《そうきん》は下《くだ》らんと欲《ほっ》して先《ま》ず眼《め》を偸《ぬす》み　霜禽欲下先偸眼
粉蝶《ふんちょう》の如《も》し知《し》らば合《まさ》に魂《たましい》を断《た》つべし　粉蝶如知合断魂
幸《さいわ》いに微吟《びぎん》の相《あ》い狎《な》る可《べ》き有《あ》り　幸有微吟可相狎
須《もち》いず　檀板《だんばん》と金尊《きんそん》と　不須檀板共金尊

多くの花はみな寒さにあって枯れ落ちたのに、ただ梅の花だけは鮮やかに美しく咲き、小さな庭園のなかで風情(自然の美しい趣)を独り占めにしている。梅の枝のまばらな影は清く浅いせせらぎに向かって、横ざまに斜めに突き出し、ほのかに漂う香りはおぼろな月影のなかでゆれ動く。冬の日の霜をしのいで飛ぶ鳥は、梅の枝に舞いおりる先に、そっと偸むような流し眼で梅の花を見ずにはいられない。季節が早いので紋白蝶はまだ飛んでいないけれども、もしこの梅の美しさを知ったなら、きっと魂も断えなんばかりの慕わしい思いを抱くことだろう。幸い、梅の花と睦まじくするには、花の下で小声で歌えばよく、拍子木を鳴らし金の樽をあけて、ドンチャン騒ぎをする必要などまったくない。

王安石《おうあんせき》――嫌われつづけた宰相

政治家
北宋
1021–1086

北宋の大政治家にして名高い文学者、王安石《おうあんせき》あざな介甫《かいほ》は、文学者としては高い評価を得てきたものの、政治家としては二十世紀初頭、大ジャーナリスト梁啓超《りょうけいちょう》(本書一八六頁)に再評価されるまで、没後八百年あまり、ずっと悪口雑言を浴びてきた。

王安石は撫《ぶ》州臨川《りんせん》県(江西省)の出身。十九歳のときに地方官だった父が死去、長男の彼は大家族(祖母と母および十人の弟妹)を養わねばならなくなった。このため、二十二歳のときに優秀な成績で科挙《かきょ》に合格し、官界入りしたあとも中央政界に身を置かず、十六年間、好んで地方勤務をつづけた。地方官のほうが収入がよく、大家族を養いやすかったからだが、この一方、彼は赴任地で金利政策や灌漑《かんがい》事業などを実施し、困窮した住民を救済した。この結果、王安石の名声は日増しに高まり、中央政界入りを待望する声も高まる。

着々と実績を重ねた王安石は嘉祐《かゆう》三年(一〇五八)、三十八歳でようやく開封《かいほう》の中央政界に入るが、本格的活動を開始しないうちに、嘉祐八年に母が死去、服喪《ふくも》のため辞任した。しかし、服喪期間がすぎても王安石はなかなか腰をあげず、中央政界に復帰したのは、なんと辞任してから五年後の熙寧《きねい》元年(一〇六八)になってからだった。ときに四十八歳。

王安石が重い腰をあげたのは、この前年、抜本的な国家改革をめざす北宋第六代皇帝の神宗《しんそう》(一〇六七―一〇八五在位)が即位し、王安石を国家改革の責任者として抜擢登用しようとしたためである。王朝成立から約百年、貧富の差の拡大によって社会不安は深刻化し、国家財政も赤字に転落するなど、このころ北宋は危機的状況に陥っていた。

熙寧三年、宰相となった王安石は、大商人や大地主が利益を独占し、零細な商人や小作農がワリを食う歪んだ経済・農業システムを改め、赤字財政を立て直すべく、「均輸《きんゆ》法」「青苗《せいびょう》法」等々の「新法」を立案し、シビアな改革を断行した。しかし、王安石の急激な新法改革は官界を真っ二つに分裂させ、彼をリーダーとする「新法党《しんぽうとう》」と、これに反対する「旧法党《きゅうほうとう》」の党派抗争を激化させることになった。また、新法の真意が理解されなかったこと、手法が厳格で性急だったこと等々のために、高級官僚・大商人・大地主のみならず民衆の間にまで王安石に対する反感がつのり、「拗《ゆう》宰相(すねもの宰相)」と呼ばれる始末だった。

新法改革が頓挫した熙寧九年(一〇七六)、王安石は愛息の死を機に宰相の座を下りて、第二の故郷ともいうべき江寧《こうねい》(江蘇《こうそ》省南京《ナンキン》市)にもどり、まもなく政界から完全に引退、十年後の元《げん》祐《ゆう》元年(一〇八六)、六十六歳で死んだ。彼と二人三脚で国家改革を進めた神宗の死の翌年のことだった。近代国家システムを先取りした感のある大政治家、王安石は以後、伝統中国の異端者として嫌われつづけ、真の理解者を得るまでなんと八百年あまり、待たなければならなかった。なんとも気が遠くなるような話ではある。

◆王安石の詩より「重将《ちょうしょう》」

重《かさ》ねて白髪《はくはつ》を将《もっ》て牆陰《しょういん》に傍《そ》う　重将白髪傍牆陰
陳迹《ちんせき》　茫然《ぼうぜん》として尋《たず》ぬ可《べ》からず　陳迹茫然不可尋
花鳥《かちょう》は総《す》べて知《し》る　春《はる》の爛漫《らんまん》たるを　花鳥総知春爛漫
人間《じんかん》には独《ひと》り自《みずか》ら傷心有《しょうしんあ》り　人間独自有傷心

白髪になった今、もう一度、土塀のかげに沿って歩く。むかし来た跡は記憶がぼんやりして探しあてられない。花も鳥も輝く春をおしなべて知っている。人の世界にだけは感傷がある。

沈括《しんかつ》――野望にみちた万能科学者

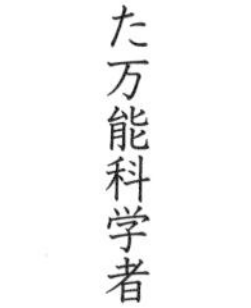

科学者・文章家
北宋
1031-1095

北宋の沈括《しんかつ》あざな存中《そんちゅう》は、天文・地理・医学・薬学・数学等々の科学分野に精通し、伝統中国屈指の科学者と称される。のみならず、音楽にも識見があり、また自然科学から芸術・文学まで多様な分野を網羅した随筆集『夢《む》渓《けい》筆談《ひつだん》』を著すなど、すぐれた文章家でもあった。要は万能型の天才だったのだ。ちなみに、沈括と同時代人の蘇《そ》東坡《とうば》（一〇三六―一一〇一）も万能型の天才であった。政治や社会が大きく変化した近世北宋は、科学や技術に通じた新しいタイプの士《し》大夫《たいふ》を生んだということであろう。

とはいえ、沈括は二十二歳でさっそうと科挙に合格した蘇東坡のように、恵まれた人生のスタートを切ったわけではなかった。進士《しんし》出身（科挙合格者）ながら不遇だった父の死後、沈括は貧しくて科挙受験準備の費用が捻出できず、二十四歳のとき、心ならずも恩蔭《おんいん》（父の官位によって特別に任用される制度）によって海《かい》州（江蘇省）の地方官となった。ここで彼は持ち前の科学的能力を発揮、水利・灌漑事業を成功させて大いに実績をあげた。しかし、いつまでもこんなことはしていられないと、在官のまま受験できる制度を利用して科挙に挑戦、三十三歳でみごと最終試験に合格し、晴れて中央官界にデビューした。

まもなく沈括は宮中図書館に勤務して天文学や暦学《れきがく》に熱中し、機器を改良して精密な天体観測をおこない、正確な天体図や暦を作成した。こうして沈括が天空を見上げているうちに、政治状況は大きく変化する。このころ、官界では急激な国家改革を唱える新法党とこれに反対する旧法党の派閥抗争が激化していた。治平《ちへい》四年(一〇六七)、神宗《しんそう》が即位すると、新法党が優勢となり、熙寧《きねい》三年(一〇七〇)、新法党のリーダー王安石《おうあんせき》が宰相となる。沈括はこの王安石の協力者となり、天文台長をつとめる一方、内政に外交に八面六臂《はちめんろっぴ》の大活躍をする。やがて王安石と不仲になるが、これが幸いしたのか、王安石が失脚するや、沈括はみるみる昇進して三司使《さんしし》(大蔵大臣)兼翰林学士《かんりんがくし》(皇帝の秘書官)となる。

この異例の大出世はけっきょく裏目に出た。同僚間で変わり身の早い沈括の処世に対する反感がつのり、熙寧十年、弾劾をうけ罷免《ひめん》されて宣《せん》州(安徽《あんき》省)長官に左遷されてしまう。これ以後、沈括の官僚人生は基本的に下降の一途をたどり、元豊《げんほう》五年(一〇八二)、タングート族の西《せい》夏《か》軍と対戦して敗北した責任を負わされ、官位剝奪、蟄居《ちっきょ》の処分をうける。

しかし、粘り強い沈括は蟄居中、かって皇帝から作成を命ぜられた中国全土の地図、「天下州県図」を完成して献上、この功績により鎮江《ちんこう》(江蘇省)の自邸「夢渓園」への移住を許可される。かくして、六十五歳で死去するまで七年間、沈括はここで『夢渓筆談』をはじめ、著作の執筆に専念する日々を送る。すぐれた科学者であり文章家でありながら、官僚社会での栄達に執着し挫折した沈括は、人間的な、あまりに人間的な人だったといえよう。

◆沈括の文より『夢《む》渓《けい》筆《ひつ》談《だん》』雑誌《ざつし》篇

方家《ほうか》　磁石《じしやく》を以《もつ》て針峰《しんほう》を磨《みが》けば、則《すなわ》ち能《よ》く南《みなみ》を指《さ》す。然《しか》れども常《つね》に微《かす》かに東《ひがし》に偏《かたよ》り、全《まった》くは南《みなみ》せざるなり。

方術家が磁石で針の先をこすれば、南を指すことになるが、いつもやや東に偏り、完全には南を指さない。

徽宗《きそう》—国を滅ぼした放蕩天子

皇帝
北宋
1082–1135

北宋第八代皇帝の徽宗《きそう》(本名は趙佶《ちょうきつ》。一一〇〇—一一二五在位)はすぐれた書家であり画家であった。しかし、政治センスは皆無であり、阿諛追従《あゆついしょう》を事とする宰相の蔡京《さいけい》や宦官の童貫《どうかん》を重用して、放蕩三昧の日々を送り、北宋を滅亡に追い込む羽目になった。

そもそも徽宗が即位したことじたい番狂わせだった。父である第六代皇帝神宗《しんそう》の没後、兄の哲宗《てっそう》(一〇八五—一一〇〇在位)が即位、徽宗は風流な王族として生涯を送るはずだった。しかし、哲宗が夭折《ようせつ》したため、徽宗のもとに皇帝の座が転がりこんできたのである。

徽宗が十九歳で即位したとき、官僚の党争(派閥抗争)が長期泥沼化して、政治機構はガタガタになり、また、中国東北部に住む女真《じょしん》族が勢いを強め、やがて金《きん》王朝(一一一五—一二三四)を立てるという状況にあった。しかし、徽宗は内外の危機をよそに、古今の書画収集に没頭し、庭園の造営に血道を上げるしまつだった。徽宗の造園熱は、首都の開封《かいほう》郊外に離宮「艮岳《こんがく》」を造営する時点でピークに達した。彼は華北のこの離宮に江南の風景を移し変えようと図り、「花石綱《かせきこう》」とよばれる運搬事業をおこして、江南から名木、名花、太湖石《たいこせき》などを大々的に運び込ませた。やがて「花石綱」によって苦しめられた民衆の憤懣《ふんまん》が爆発、各地で反乱が勃発するに至る。『水滸伝《すいこでん》』はまさにこの時期を舞台にした小説である。

放蕩天子徽宗のもとで、末期症状に陥った北宋を滅亡に追い込んだのは、女真族の金だった。靖康《せいこう》元年(一一二六)、金軍は開封の近くまで攻め寄せ、ふるえあがった徽宗はあわてて息子の欽宗《きんそう》に譲位した。北宋の首脳部は莫大な賠償金を払うなど、不利な条件をのんで金と和議を結び、なんとか事態を収拾した。しかし、翌靖康二年、金は和議条件の不履行を盾にとって開封に猛攻をかけ、難なく陥落させてしまう。この「靖康の変」によって北宋は滅亡、徽宗は欽宗をはじめ数千人の皇族・官僚とともに捕虜となり、金の東北の本拠地に護送された。捕虜として異郷にあること八年、徽宗は死去した。ときに五十四歳。

徽宗は皇帝失格者だが、細く鋭い独特の書体「痩金体《そうきんたい》」を編みだし、細密な花鳥画にすぐれ、また、宮中に所蔵されていた書画を整理・解説した『宣和書譜《せんなしょふ》』『宣和画譜《せんながふ》』を編纂するなど、芸術家としては文句なしの超一流だった。つまるところ、政治音痴の芸術家徽宗が即位したことは、彼自身にとっても北宋にとっても不幸だったというほかない。

こうした徽宗の姿は南唐《なんとう》の後主《こうしゅ》李煜《いく》(本書八七頁)とよく似ている。北宋の初代皇帝太祖《たいそ》は捕虜にした李煜を毒殺したが、北宋王朝は李煜と同じタイプの徽宗によって滅亡した。ちなみに、徽宗を李煜の生まれ変わりだとする伝説もある。徽宗の父神宗が李煜の肖像画を見て感嘆した直後に、側室が徽宗をみごもり、生まれるときに、神宗の夢に李煜があらわれたというものである。いずれにせよ、玄妙不可思議な歴史の暗合といえよう。

◆徽宗の画より「祥龍石図《しょうりゅうせきず》」(部分)

李清照《りせいしょう》――亡夫の宝物をまもって

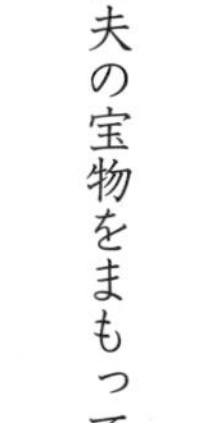

詩人
北宋―南宋
1084-1151以降

北宋《ほくそう》から南宋《なんそう》への激動期を生きた李清照《りせいしょう》は、伝統中国きっての女性詩人である。高級官僚だった父の李《り》格非《かくひ》は文学者としても著名だった。父の薫陶《くんとう》よろしきを得た李清照は、少女のころから「詞《ツー》」の名手として注目を集めた。恵まれた環境で早くから才能を開花させた李清照は建中靖国《けんちゅうせいこく》元年(一一〇一)、十八歳のとき、誰よりも彼女の才能を愛する趙明誠《ちょうめいせい》と結婚、幸せな日々を送った。趙明誠も北宋の高級官僚の息子だが、書画骨董の熱狂的なコレクターだった。結婚後、李清照は夫の趣味にたちまち感化され、二人で夢中になって収集に明け暮れた。

大観《たいかん》元年(一一〇七)、宰相職にあった趙明誠の父趙挺之《ちょうていし》が政争に敗れて失脚し、まもなく死去したのを機に、仕官していた趙明誠も辞任し、以後十年間、趙明誠・李清照夫妻は青《せい》州(山東省)で隠遁生活を送る。この間、彼らは収集の結果、膨大な分量にのぼった書籍を校勘《こうかん》・分類して書庫に収め、目録を作る共同作業に没頭し、充実した日々を送った。

しかし、女真族の金軍の侵入により彼らの人生は暗転する。北宋が滅亡し、亡命政権南宋が江南に成立した直後、建炎《けんえん》元年(一一二七)、趙明誠は母の葬儀のために急遽、江南へ向かい、一足遅れて李清照も夫が厳選した貴重な書画骨董を荷車十五台に積み込んで江南に向かう。

こうして貴重な文物とともに、なんとか江南に避難したものの、建炎三年、李清照は最愛のパートナー、趙明誠が急病にかかり他界するという悲劇に見舞われる。その後、彼女は夫の執念がこもった約二万巻の貴重書を含む、荷車十五台分の書画骨董を抱えて、南下してきた金軍の攻撃を避け、江南各地を転々とする生活をつづける。その間、彼女は繰り返し略奪や盗難にあい、みるみるうちに、ほとんど身ぐるみ剝《は》がれてしまうのである。

疲れ果てた李清照の前に張汝舟《ちょうじょしゅう》なる南宋の官僚が出現し懇望された結果、紹興《しょうこう》二年(一一三二)、彼女は再婚に踏み切った。ときに四十九歳。しかし、張汝舟はとんでもない食わせもので、その狙いはかろうじて李清照の手元に残った書画骨董にあった。これに気づいた李清照はたまたま汝舟の公金横領を発見、これを告発したため、汝舟は流刑に処せられ、離婚することができた。けっきょく、彼女が張汝舟と再婚した期間は百日足らずであった。

李清照は再婚が失敗だったと自覚した瞬間、泣き寝入りを拒否し攻勢に出た。その毅然たる態度はあっぱれというほかない。この後、彼女は孤独な生活のなかで、趙明誠が作成した石刻《せきこく》の目録『金石録《きんせきろく》』を整理する一方、詞の制作に心血を注いだ。その没年は不明ながら、七十歳前後まで生きたことはまちがいない。

◆李清照の詞より「如夢令《じょぼうれい》」

昨夜《さくや》　雨《あめ》は疏《そ》にして風《かぜ》は驟《しゅう》なり
濃睡《のうすい》　残酒《ざんしゅ》を消《け》さず
試《こころ》みに簾《すだれ》を捲《ま》く人《ひと》に問《と》うに
却《かえ》って道《い》う　海棠《かいどう》は依旧《もとのまま》なりと
知《し》るや否《いな》や
知《し》るや否《いな》や
応《まさ》に是《こ》れ緑肥《みどりこ》え紅《くれない》瘦《や》すべし

昨夜雨疏風驟
濃睡不消残酒
試問捲簾人
却道海棠依旧
知否
知否
応是緑肥紅瘦

ゆうべ、雨はまばらに風はうなった。ぐっすり眠ったけど、まだ酔い心地。簾を捲く人に尋ねてみたら、海棠はもとのままですという返事。ほんとなの、ほんとなの。緑の葉が増して、紅い花は瘦せてしまったんじゃないかしら。

辛棄疾　しんきしつ——文武両道の猛者

詩人
南宋
1140–1207

南宋の辛棄疾《しんきしつ》あざな幼安《ようあん》は詞《ツー》の作者として名高い。花柳界から生まれた詞の形式は、晩唐《ばんとう》のころから文人に注目され、すでに紹介した南唐の李煜《りいく》によって成熟の度を高めたが、内容としては、男女関係の感傷的な情緒を表現することが主流であった。しかし、北宋の大詩人蘇東坡《そとうば》はこうした詞の方向性を大きく転換し、思想や志を豪快にうたいこむなど、詞の表現領域を一気に拡大した。辛棄疾の詞は蘇東坡の流れをくむものであり、「蘇辛《そしん》」と並称され、「豪放派」と呼ばれる。

豪放派詞人の辛棄疾は波乱万丈の実人生においても、まことに剛毅かつ豪放な人だった。彼は、靖康《せいこう》二年(一一二七)、女真族の金が北宋を滅ぼして北中国を支配し、漢民族の亡命王朝である南宋が南中国に依拠した時代に、この世に生をうけた。辛棄疾は金の支配下にあった歴城《れきじょう》(山東省)で生まれ育ったが、暴君だった金の海陵王《かいりょう》(一一四九―一一六一在位)の死後、山東一帯で金に叛旗をひるがえす漢民族の義軍が蜂起したさい、耿京《こうけい》なる人物をリーダーとする義軍に加わった。文武両道の猛者《もさ》だった辛棄疾はこのとき大いに活躍し、紹興《しょうこう》三十二年(一一六二)、二十三歳のとき、耿京の使者として江南に出向き、南宋初代皇帝の高宗《こうそう》と会見した。ところが、会見の結果を報告すべく、帰還の途についたところ、すでに腹心の配下が耿京を殺害し、軍勢を率いて金に降伏したとの情報を得る。辛棄疾はただちに手勢を率いて金軍の陣営に攻め込み、耿京を殺害した首謀者を奪い取ってその首を斬りとるや、そのまま南へ脱出、南宋政権の傘下に入ったのだった。

南宋に仕えた辛棄疾は反金軍団の猛将だった若き日の志を失わず、終始一貫、主戦派の急先鋒として金と妥協せず戦うべきだと主張しつづけた。かくして二十年、各州の長官を経て、江西および湖南《こなん》の安撫使《あんぶし》を歴任して地方の行政・軍事を統括し、手腕を発揮したが、四十三歳のとき、剛直な辛棄疾の存在を煙たがる重臣の差し金で辞職に追い込まれる。

しかし、辛棄疾は落胆することなく、風光明媚な上饒《じょうじょう》(江西省)に「稼軒《かけん》」と名づけた別荘を建て、以来二十年にわたって、ここを拠点に詩や詞の制作にふけり、詩人の陸游《りくゆう》や哲学者の朱《しゅ》熹《き》(朱子)など気のあう友人と往来する悠々自適の日々を送った。六十をこした最晩年に至り、主戦論者としての彼の名声を利用しようとする南宋朝廷の実力者に招かれ、ふたたび出仕したものの、けっきょく意見があわず辞任し、まもなく死去した。辛棄疾はこうしてあるいははげしく、あるいは冷静に、剛毅な武人にして反骨の文人としての生涯をまっとうしたのだった。

◆辛棄疾の詞より「醜奴児《しゅうどじ》」

少年《しょうねん》は識《し》らず　愁《うれい》の滋味《じみ》　　少年不識愁滋味
層楼《そうろう》に上《のぼ》るを愛《あい》す　　愛上層楼
層楼《そうろう》に上《のぼ》るを愛《あい》す　　愛上層楼
為《ため》に新詞《しんし》を賦《ふ》し　強《し》いて愁《うれい》を説《と》く　　為賦新詞強説愁

而《しこう》して今《いま》は愁《うれい》の滋味《じみ》を識《し》り尽《つ》くし　　而今識尽愁滋味
説《と》かんと欲《ほっ》して還《ま》た休《や》む　　欲説還休
説《と》かんと欲《ほっ》して還《ま》た休《や》む　　欲説還休
却《かえ》って道《い》う　天涼好箇《てんりょうこうこ》の秋《あき》と　　却道天涼好箇秋

若いときには「愁」の味わいなど知らなかった。ひたすら高楼に上ろうとしたものだ。ひたすら高楼に上ろうとし、新しい詞をこしらえては、無理やり「愁」を気取ってみせた。

ところが今では「愁」の味わいをいやというほど知り尽くし、語ろうとしてまたためらう。語ろうとしてまたためらったあげく、口から出たのは「さわやかないい秋だ」。

3　世界は広がり思想は深まる——元・明

趙孟頫　ちょうもうふ――類いまれなる貴公子

書家・画家
元
1254–1322

元《げん》初の高名な書家にして画家の趙孟頫《ちょうもうふ》あざな子昂《すごう》は宋《そう》王朝の一族だった。彼は、北宋《ほくそう》初代皇帝太祖《たいそ》の四男、趙徳芳《ちょうとくほう》の十代目の子孫にあたる。また、北宋が女真《じょしん》族の金《きん》に滅ぼされたあと、江南に成立した亡命王朝南宋《なんそう》の第二代皇帝孝宗《こうそう》（一一六二―一一八九在位）も彼の一族出身である。孝宗の実兄にあたる趙孟頫の高祖父以来、この一族は風光明媚な湖《こ》州（浙江《せっこう》省）に土地を下賜《かし》され、ここを拠点に優雅な生活を送った。かててくわえて、高祖父から父の趙与訔《ちょうよぎん》に至るまで、四代にわたって南宋王朝の重職を担っていたのだった。

幼いころから聡明だった趙孟頫は十二歳で父を失ったあとも、めげずに勉学にはげみ、十九歳で国子《こくし》監《かん》（国立大学）に合格、官界に入った。このままゆけば、趙孟頫も先祖同様、芸術センスもある有能な皇族官僚として、順風満帆の生涯を送ることができたはずだった。

しかし、一二七六年、二十三歳のときに、モンゴル軍の猛攻をうけ、事実上、南宋が滅亡したことによって、彼の人生は激変する。草原の英雄チンギス・ハン(一一六二?―一二二七)の出現によって強大化したモンゴル族は、一二三四年、チンギス・ハンの息子オゴタイ(元の太宗《たいそう》)の時代に金を滅ぼし、オゴタイの息子フビライ(元の世祖《せいそ》。一二六〇―一二九四在位)の時代に南宋を滅ぼして、モンゴル王朝元による中国全土統一を果たしたのである。

南宋滅亡後、趙孟頫は十年間、故郷の湖州を拠点として隠遁生活をつづけた。しかし、至元《しげん》二十三年(一二八六)、三十三歳のとき、元の世祖の召聘に応じて、首都の大都《だいと》(北京《ペキン》)に赴く。世祖は、そのいかにも貴公子然とした秀でた風貌と、打てば響く応答ぶりに一目惚れし、以来、趙孟頫をこのうえなく信任・重用したのだった。趙孟頫に対する元王朝の厚遇は、世祖の没後、成宗《せいそう》、武宗《ぶそう》、仁宗《じんそう》、英宗《えいそう》と皇帝が交替しても揺らぐことはなかった。こうして、漢《かん》民族王朝南宋の皇族の身で、モンゴル王朝元の五人の皇帝に信頼され、中央・地方の要職を歴任したことは、趙孟頫の並々ならぬ政治手腕を示すものといえよう。

要職を歴任する一方、趙孟頫は書の分野では王羲之《おうぎし》(本書四九頁)を継承した優雅な筆法で数々の傑作をあらわし、画の分野では人物・馬・花鳥などを素材に次々に名作を生み出した。ちなみに、趙孟頫の夫人である管道昇《かんどうしょう》もすぐれた書家・画家であり、趙孟頫が努力型であるのに対し、管夫人は天才型であり、趙孟頫も一目置くほどであったという。彼ら夫妻は伝統中国ではめずらしく、たがいに深く理解しあった同士であり、側室もおかなかった。もっとも、中年に達した趙孟頫が妓女に迷い、側室にしようとしたこともあったが、管夫人に痛烈にやりこめられ、恥じ入って諦めたという話もある。幸田露伴の『幽情記』「泥人」はこの夫妻の姿を描いた秀作である。趙孟頫はまたとないパートナー管夫人の死に遅れること四年、至治《しち》二年(一三二二)、破格の幸運に恵まれた生涯を閉じた。ときに六十九歳。

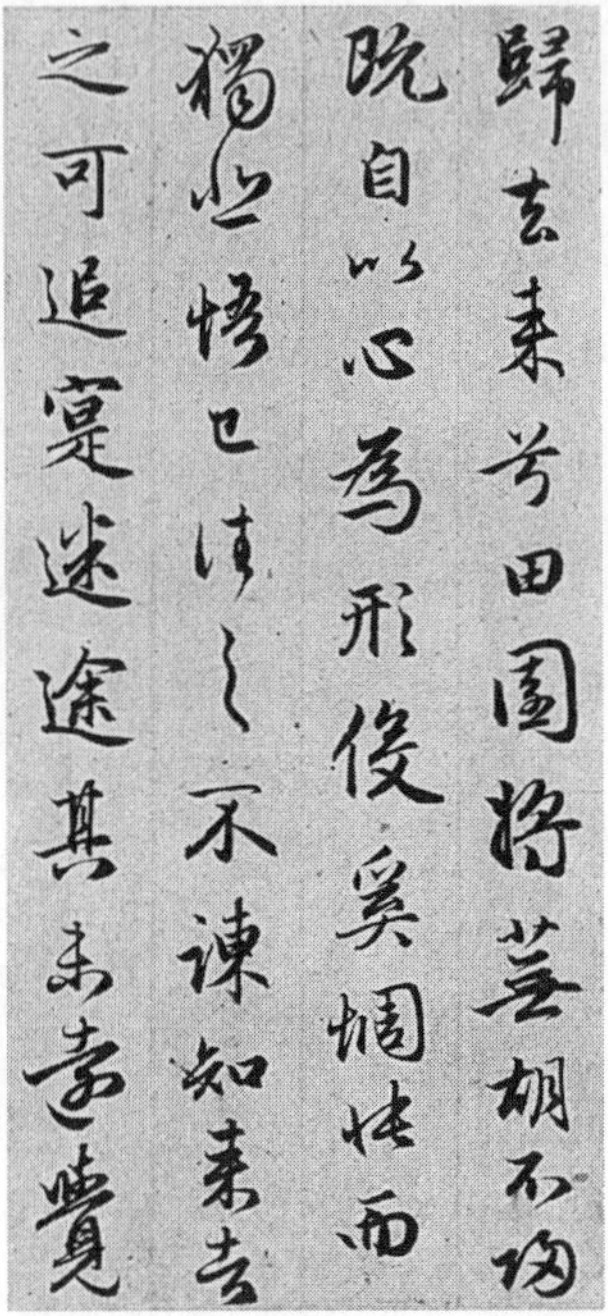

◆趙孟頫の書より「帰去来辞巻《ききょらいのじかん》」(部分)

陶宗儀《とうそうぎ》――在野をつらぬいた文人

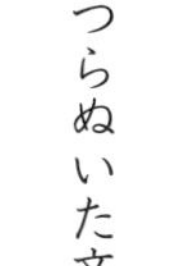

随筆家
元末明初
生没年不詳

陶宗儀《とうそうぎ》あざな九成《きゅうせい》（号は南村）は、元《げん》末明《みん》初の転換期に生きた異色の文人学者である。出身は黄岩《こうがん》県（浙江省）、父は地方役人だった。陶宗儀自身も官界に入るべく、元末に何度も科挙《かきょ》を受験したが、ついに合格できず、以後、モンゴル王朝の元から漢《かん》民族王朝の明へと、時代が推移しても、基本的に無位無官を貫きとおした。この間、陶宗儀は塾などの教師をして生計を立てながら、学問を積み、著述と編纂に明け暮れる日々をすごした。

陶宗儀の代表作『輟耕録《てっこうろく》』は、元代の制度や文物から、小説・戯曲・書画等々に至るまで、多角的かつ詳細に論じた筆記（記録・随筆）の秀作である。また、陶宗儀はその博学多識を生かして、多種多様の文献資料を網羅的に収集し、『説郛《せっぷ》』（全百巻）を編纂している。ここには膨大な筆記小説（文言すなわち文語の短篇小説）が収録されているが、すでに原本が失われたものも多く、資料的にきわめて価値が高い。そのほか、太古から元代までの書家の小伝を記述した、

『書史《しょし》会要《かいよう》』を著すなど、その著述はまことに多岐にわたる。

陶宗儀は文名が高まっても、けっして権力者に近づこうとしなかった。ちなみに、元王朝は十四世紀中ごろから急速に衰えはじめ、中国全土で民衆反乱が勃発、「紅巾《こうきん》の乱」と総称される騒乱状態となる。やがて蜂起した紅巾軍の主要舞台は江南に移り、朱元璋《しゅげんしょう》や張士誠《ちょうしせい》ら紅巾軍のリーダーの主導権争いが激化する。このうち、江南の大商業都市蘇州《そしゅう》(江蘇《こうそ》省)を占領した張士誠は、文人の招集に熱心であり、その呼びかけに応じて、高名な詩人高啓《こうけい》をはじめ、大勢の文人が張士誠のもとに集った。しかし、陶宗儀は頑として応じようとしなかった。

やがて朱元璋がライバルの張士誠を撃破して、至正《しせい》二十八年(一三六八)に即位(洪武《こうぶ》帝。一三六八—一三九八在位)、明王朝(一三六八—一六四四)を立て、翌洪武二年(一三六九)には元を滅ぼして全土を統一する。陶宗儀はこの洪武帝の出仕要請も敢然と拒否した。陶宗儀のみならず、江南文壇の大御所だった楊維楨《よういてい》をはじめ、洪武帝の出仕要請に応じなかった文人は数多い。出仕要請に応じた高啓を張士誠と関係があったかどで、けっきょく処刑するなど、洪武帝の政治手法が冷酷無比であり、警戒した文人たちは身をかわそうとしたのだろう。『三国志《さんごくし》演義《えんぎ》』の著者と目される羅貫中《らかんちゅう》も張士誠と関わりがあったために、明王朝成立後、世事に関わらず、『演義』や『水滸《すいこ》伝《でん》』など白話《はくわ》(口語体)長篇小説の整理・執筆に没頭したという説もある。

元末明初の激動期、陶宗儀はありとあらゆる権力の罠から身を引き離し、ひたすら膨大な著述・編纂に専念した。彼がいつどこで生涯を終えたか、詳細は不明である。おそらく市井《しせい》の大文人学者としておだやかな生をまっとうしたのであろう。

◆陶宗儀の文より『輟耕録』宋幼主《そうようしゅ》詩

「語《ご》を林和靖《りんわせい》に寄《よ》す、梅花《ばいか》幾度《いくたび》か開《ひら》く、黄金台下《おうごんだいか》の客《かく》、応《まさ》に是《こ》れ帰《かえ》り来《きた》らざるべし」。此《こ》れ宋《そう》の幼主《ようしゅ》の京都《きょうと》に在《あ》りて作《つく》る所《ところ》なり。始終二十字《しじゅうにじゅうじ》、無限《むげん》の凄戚《せいせき》の意思《いし》を含蓄《がんちく》し、之《これ》を読《よ》みて興感《きょうかん》せざる者幾《ものほとん》ど希《まれ》なり。

「林和靖(林逋)にお尋ねします、(西湖《せいこ》の)梅の花は何度咲きましたか、黄金台の客人たるわが身は、二度と戻らないでしょう」。これは宋の幼主が(元の)都で作ったものである。全部で二十字だが、無限の寂寥感が秘められており、これを読んで感慨をもよおさない者はほとんどいない。

＊南宋の少帝は六歳で元に降伏し、北方へ連行された。「黄金台の客人」はこの意。林逋については本書九二頁参照。

鄭和 ていわ──大船団を率いて南へ

冒険家
明
1371–1435?

鄭和《ていわ》は明代初期、七回にわたって大船団を率い、南海遠征した。彼は昆陽《こんよう》（雲南《うんなん》省）の出身で、元の姓を馬《ば》といい、先祖代々イスラム教徒だった。洪武《こうぶ》十五年（一三八二）、明軍が雲南を制圧したとき、十二歳の鄭和は捕虜となって南京に護送された。ここで洪武帝の四男、燕《えん》王朱棣《しゅてい》の少年召使いとなり、強制的に去勢される。しかし、鄭和は悲劇をはねかえし堂々と生きた。

洪武帝の死後、燕王の甥（洪武帝の孫）の建文《けんぶん》帝（一三九八―一四〇二在位）が即位、これに反発した燕王は挙兵に踏み切り、三年の内戦をへて勝利した。この「靖難《せいなん》の変」によって、燕王は即位し、明第三代皇帝の永楽《えいらく》帝（一四〇二―一四二四在位。一四二一年に南京から北京に遷都）となる。武勇にすぐれた鄭和は靖難の変のさい、果敢に戦場を駆けめぐって戦功を立て、永楽帝の即位後、内宮監《ないきゅうかん》太監《たいかん》（最高位の宦官）に任命された。鄭という姓を与えられたのも、このときのことである。ちなみに、鄭和は身長七尺（約二一八センチ）、眉目秀麗にして、いかにも武人らしく威厳にみちた風格の持ち主だったという。

世界を視野に入れるスケールの大きさをもつ永楽帝は、やがて東南アジア、インド、西南アジアなど南海方面に大船団を派遣し、デモンストレーションをおこなって諸国の服属を求めると同時に、貿易をおこなおうとした。この南海遠征の総指揮者に選ばれたのが鄭和である。彼は永楽帝の信任厚い豪胆かつ智謀あふれる武将であり、またイスラム教徒だったために国際感覚もあるなど、この任務にうってつけの人材だった。

鄭和の南海遠征は、永楽三年(一四〇五)に開始された。この第一回目遠征では、二万七千八百人あまりの将兵を六十二艘の大船に分乗させて船出し、南アジアの国々をめぐり、インドのカルカッタまで到達した。以後、永楽十九年の第六回目まで、いずれも第一回目と同規模の船団によって遠征が繰り返された。最終の第七回目の遠征(宣徳《せんとく》六年＝一四三一)がおこなわれたのは、永楽帝の死後、宣徳帝(一四二五―一四三五在位)の時代になってからである。ちなみに、第五回目以降は、アラビアからアフリカ東岸にまで到達し、第七回目には別働隊がイスラム教の聖地メッカまで到達したとされる。

けっきょく鄭和は三十五歳から約三十年間、遠征し大航海をつづけたことになる。この結果、磁器や絹など中国の特産物と諸国の胡椒《こしょう》・象牙《ぞうげ》・香料などの特産物の交易が大きな成果をおさめ、国際交流の実をあげた。有能な指揮者鄭和の死後、これほどの規模の遠征航海は二度とおこなわれなかった。壮大な通史『史記《しき》』の著者司馬遷《しばせん》(本書二三頁)といい、南海の果てまで大冒険をつづけた鄭和といい、去勢という言語に絶する屈辱をうけ、これをバネにして余人の追随を許さぬ大事業を成し遂げた彼らこそ、とびきりの異才というべきであろう。

◆鄭和の文より　天妃《てんぴ》霊応之《れいおうの》記碑《きひ》(俗称「鄭和碑」)(部分)

海外《かいがい》の諸番《しょばん》の若《ごと》きは、実《じつ》に遐壌《かじょう》と為《な》り、皆《み》な琮《そう》を捧《ささ》げ贄《し》を執《と》り、重訳《じゅうやく》して来朝《らいちょう》す。皇上《こうじょう》は其《そ》の忠誠《ちゅうせい》を嘉《よみ》し、和等《わら》に命《めい》じて官校旗軍数万人《かんこうきぐんすうまんにん》を統率《とうそつ》し、巨舶百余艘《きょはくひゃくよそう》に乗《の》り、幣《へい》を賚《もたら》し往《ゆ》きて之《これ》に賚《たま》わらしむ。徳化《とくか》を宣《の》べて遠人《えんじん》を柔《やわ》らぐる所以《ゆえん》なり。

海外の諸々の蕃国は、じつに僻遠《へきえん》の地にあり、いずれも琮(祭祀用の玉)を捧げ貢ぎ物を持参し、言葉を何度も訳し換えながら来朝している。皇帝陛下はその忠誠を嘉し、和らに命じて軍隊数万人を統率し、巨船百余艘に乗り、贈り物を携え、訪問して賜るようにさせられた。徳による教化をおしひろげ、遠国の人々を安んじるためである。

沈周《しんしゅう》——悠々たる「町の隠者」

画家
明
1427–1509

　沈周《しんしゅう》あざな啓南《けいなん》(号は石田《せきでん》)は明代中期、大商業都市蘇州に出現した文人画家である。彼は蘇州郊外の長洲《ちょうしゅう》県(江蘇省)の富裕な地主の家に生まれた。曾祖父の代に財をなした沈家では、沈周の祖父も父も高い教養を身につけ、詩文作りも巧みなら画も上手というぐあいに、風雅な知識人そのものであった。これほど知識や教養があれば、ふつうは科挙を受験し高級官僚への道をめざすものだが、沈家には父祖代々、官僚になることを忌避あるいは拒否する家風があり、沈周もこれにのっとり、何物にも拘束されない自由な在野の文人としての生涯をつらぬいた。

　それにしても、なぜ沈家の一族は明王朝の官僚になろうとしなかったのだろうか。彼らの故郷蘇州は元《げん》末の混乱期、明の始祖朱元璋《しゅげんしょう》(洪武《こうぶ》帝)のライバル、張士誠《ちょうしせい》の根拠地だった。朱元璋は即位後、張士誠を支えた知識人はむろんのこと、蘇州の豪族や商人にまで残忍な報復を加えた。この不幸な経験を通じて、蘇州の人々は権力をものともしない不屈の精神を身につけ、在野の文人を中心とする独特の蘇州文化を開花させた。察するところ、官僚社会と距離を保つ沈家一族の姿勢も、こうした蘇州の気風と呼応するものと思われる。

もっとも、沈周自身はけっして攻撃的な性格ではなく、少年のころから四十近くまで、大地主として朝廷から委嘱されて「糧長《りょうちょう》(徴税請負人)」となり、農民と政府当局の間に立って誠実に力を尽くす一方、よき家庭人であり、九十九歳の長寿を保った母を終始気づかい、遠方への旅行をひかえるほどやさしい息子でもあった。ちなみに母が大往生を遂げたとき、沈周は八十歳だったという。

祖父も父も詩文や画をよくする恵まれた環境のなかで成長した沈周は、幼いころから先生について詩文や画を学び、晩年まで研鑽《けんさん》を積んで、詩人としても画家としてもすこやかに大成した。画については、若いころは小品ばかりだったが、糧長職を弟に譲り、閑暇ができた四十代以降は大作もあらわすようになる。題材は山水・植物・鳥獣等々、多岐にわたり、自在な精神の躍動をうつしだすその画風は、明代文人画のさきがけだといえる。

資産家地主としての経済基盤のおかげもあって、沈周は官界におもねることなく、自立した文人として画筆をとり、八十三歳で死ぬまで、悠々と「市隠《しいん》(町の隠者)」の生活を楽しんだ。彼の後をついで蘇州文化の担い手となった文徴明《ぶんちょうめい》(一四七〇—一五五九)は、沈周晩年の直弟子であり、文徴明の友人の唐寅《とういん》（一四七〇―一五二三）や祝允明《しゅくいんめい》（一四六〇―一五二六）も沈周のもとによく出入りしていたとされる。のちに文徴明・唐寅・祝允明らは「呉中《ごちゅう》の四才《しさい》」と総称され、そろって在野の大文人として蘇州を舞台に大いに活躍した。沈周が切り開いた自立せる文人の道は、こうしてしっかり受け継がれたのである。

◆**沈周の画より**　「両江名勝図冊《りょうこうめいしょうずさつ》（五）」（部分）

王陽明《おうようめい》 ——「理」を追い求めた生涯

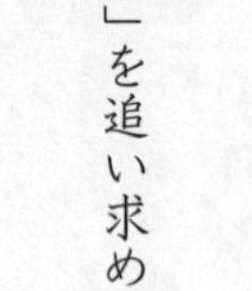

軍事家・思想家
明
1472-1528

明代中期、中国思想・哲学の分野に巨星が出現する。「陽明学《ようめいがく》」の始祖、王陽明（本名は王守仁《おうしゅじん》）である。彼は浙江省余姚《よよう》県に生まれたが、十歳のとき、父が科挙に首席合格したため、北京に移り住んだという。超エリートの息子だった王陽明は文字どおり文武両道の逸材だが、少年時代は勉強嫌いで、塾通いをすっぽかし、戦争ごっこに夢中だったというエピソードがある。しかし、その後は受験勉強も順調に進んだらしく、二十八歳で科挙に合格し官界入りを果たしている。

こうして生粋のエリート文官としてスタートしたものの、なにぶん当時は宦官専横の時代であり、王陽明は正徳《せいとく》元年（一五〇六）、三十五歳のときに宦官の大物、劉瑾《りゅうきん》と対立したために投獄され、その後、辺境の貴州《きしゅう》に左遷されるなど、さんざんな目にあった。しかし、中年以降、持ち前の軍事的才能を生かして、正徳十一年、江西《こうせい》・福建《ふくけん》地方で勃発した反乱を鎮圧したり、三年後の正徳十四年には南昌《なんしょう》でおこった明王朝の一族、寧《ねい》王朱宸濠《しゅしんごう》の反乱を鎮圧するなど大活躍し、明代随一の軍事家と称賛されるに至る。輝かしい軍功によって、正徳十六年、南京兵《へい》部尚書《ぶしょうしょ》(陸軍大臣)となり、その後も、広西《こうせい》地方の反乱鎮圧に出動するなど、五十七歳で死去するまで軍事家として手腕をふるいつづけたのだった。

軍事家として活躍する一方、王陽明は哲学者・思想家としても必死になって思索し、三十代後半には独自の主張を立て、晩年まで思索を深めつづけた。当初、彼は南宋《なんそう》の朱子《しゅし》(一一三〇―一二〇〇)が樹立した朱子学を懸命に学び、その哲学の核心である「格物致知《かくぶつちち》(物に格《いた》って知を致《いた》す)」を実践しようとした。ちなみに、「格物致知」とは、自分以外の事物について一つ一つその理(原理)をきわめ、理についての知を獲得することをいう。

情熱的で没頭型の王陽明は、この説を真剣に実践しようと二十年近く努力を重ねたものの、けっきょく万物の理を一つ一つきわめることは不可能だと痛感し、自分で独自の哲学を編みだすに至った。王陽明の考え方は、みずからの心の外にある物の理をきわめようとする朱子とは異なり、「心即理《しんそくり》」、すなわちあくまでも自分の心のなかにある理を基本とする。また、知についても、朱子が外なる物に関する知識だと説くのに対して、王陽明はそれぞれの人間の「良知(天性の知力)」が完全に実現されること(良知を致すこと)だと主張する。つまるところ、王陽明は理や知を外物に求めるのではなく、あくまでも一人一人の人間の心のなかに求めようとするのだ。
こうした陽明学の基本理念である「心即理」、ひいては「知行合一《ちこうごういつ》」のダイナミックな主張は、王陽明が書斎で思索する哲学者であると同時に、みずから軍勢を率いて戦場に乗り出す行動者だったことと、深く関わりがあるといえよう。

◆王陽明の文より『伝習録《でんしゅうろく》』

其《そ》の数頃《すうけい》にして源無《みなもとな》き塘水為《とうすいた》らんよりは、数尺《すうしゃく》にして源有《みなもとあ》る井水《せいすい》の、生意《せいい》窮《きわ》まらざるものの為《た》らんには若《し》かず。

水源のない広々としたため池の水であるよりは、水源からこんこんと水の涌き出る小さな井戸水であったほうがいい。

李卓吾《りたくご》──「権威」への徹底的挑戦

思想家
明末
1527-1602

明末の異端の思想家李卓吾《りたくご》(本名は李贄《りし》)は、前項で紹介した王陽明《おうようめい》の流れをくむ王学(陽明学)左派のリーダーと目される傑出した存在である。李卓吾は福建省泉州《せんしゅう》府晋江《しんこう》県出身。生家は知識人階層だが、貿易港の泉州にはイスラム教徒が多く、李卓吾の家系もそうだったという。二十六歳で郷試《きょうし》(科挙の地方試験)に合格したが、長男の彼は経済的な事情もあってそれ以上は望まず、三十歳のときに挙人《きょじん》(郷試合格者)の資格で地方官吏となった。かくして、万暦《ばんれき》八年(一五八〇)、五十四歳になったとき、生家の大黒柱としての責任を果たしたと判断し、二十四年間の役人生活に終止符をうって、以後、かねて深く傾倒していた陽明学を基礎とするみずからの思想体系の構築と、著述に専念する日々を送った。彼は仏教にも傾倒し、退職してから数年後に剃髪《ていはつ》しているが、僧籍に入ったわけではなく、ただ頭がかゆかっただけだと述べている。

李卓吾はまことに矯激《きょうげき》かつ破壊的な思想家だった。彼は「童心(虚偽をはぎとった純真そのものの心)」を重視し、修身・斉家《せいか》・治国《ちこく》・平天下《へいてんか》といった儒教の伝統的な価値観を、虚偽だときっぱり否定した。彼の既成権威への挑戦は徹底をきわめた。たとえば、偉大な文章はひとえに「童心」から生まれるものであり、それぞれの時代が生みだした表現ジャンルにおいてこそ花開くとし、元曲《げんきょく》の『西廂記《せいしょうき》』(王実甫《おうじつぽ》作)と元末明初に成立した白話《はくわ》長篇小説『水滸伝』を「天下の至文《しぶん》」と高く評価した。これとは逆に、儒教の聖典と目される『論語』や『孟子《もうし》』については、「永遠の真理などではない。これらを絶対視するのはひからびた人間だけだ」(『焚書《ふんしょ》』)などと、こてんぱんに酷評したのだった。

また、彼はその著書『蔵書《ぞうしょ》』において、一つの時代には一つの時代の基準があり、歴史上の人物を固定した儒教的基準で一律に評価できないと主張し、卓文君《たくぶんくん》と駆け落ちし、素行のわるい文学者の典型とされてきた前漢《ぜんかん》の司馬相如《しばしょうじょ》(本書一九頁)、姦雄と目されてきた曹操《そうそう》(三〇頁)、破廉恥で無節操な政治家の代表とされてきた馮道《ふうどう》(八四頁)を称賛するなど、従来の価値観を根本から逆転させる試みもおこなっている。すでに紹介したように、馮道は唐《とう》王朝滅亡後の五代《ごだい》十国《じっこく》の乱世において、五つの王朝、十一人の皇帝に高位高官として仕え、トータルで二十年にわたって宰相をつとめたという、ただならぬ経歴の持ち主である。

さらにまた、李卓吾は男女に優劣の差はないとする解放された思想の持ち主であり、女性弟子も受け入れた。こうしてあらゆる面で既成の権威や価値観を否定した李卓吾は、最終的に「危険な思想家」とみなされて逮捕・投獄され、獄中で自刎《じふん》(みずから首をはねること)して果てた。ときに七十六歳。李卓吾は非《ひ》業《ごう》の最期を遂げたが、硬直化した儒教倫理に敢然と異議を申し立てた彼の主張は、明末清《しん》初の知識人に甚大な影響を与えた。

◆李卓吾の文より「童心説《どうしんせつ》」(部分)

夫《そ》れ童心《どうしん》なる者《もの》は、真心《しんしん》なり。童心《どうしん》を以《もつ》て不可《ふか》と為《な》すが若《ごと》きは、是《こ》れ真心《しんしん》を以《もつ》て不可《ふか》と為《な》すなり。夫《そ》れ童心《どうしん》なる者《もの》は、絶仮純真《ぜつかじゅんしん》、最初《さいしょ》の一念《いちねん》の本心《ほんしん》なり。若《も》し童心《どうしん》を失却《しつきゃく》すれば、便《すなわ》ち真心《しんしん》を失却《しつきゃく》し、真心《しんしん》を失却《じつきゃく》すれば、便《すなわ》ち真人《しんじん》を失却《しつきゃく》す。人《ひと》にして真《しん》に非《あら》ざれば、全《まった》く復《ま》た初有《しょあ》らず。

童心とは真心である。童心を不可となすものは、とりもなおさず真心を不可となすものである。童心とは仮偽を断絶して純粋に真実なる、最初の一念の本心である。もし童心を失うならば、すなわち真心を失うのであり、真心を失うのは、すなわち真人たるを失うのである。人にして真でないならば、もはや原初の本質態を維持するということは、どうしてもありえない。

徐光啓　じょこうけい――西洋文化のパイオニア

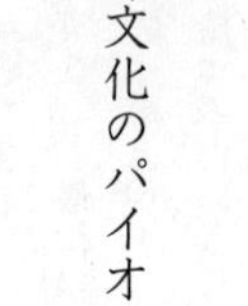

農学者・数学者
明末
1562–1633

明末の徐光啓《じょこうけい》あざな子先《しせん》は、農業技術百科全書『農政全書《のうせいぜんしょ》』を編纂し、西洋の暦法をとりいれた新しい暦を作成したのをはじめ、ユークリッド幾何学を翻訳した『幾何原本《きかげんぽん》』を刊行するなど、科学の諸領域に通暁した優秀な学者である。

彼は上海《シャンハイ》の出身。生家は商業を営んでいたが、倭寇《わこう》の侵攻（一五五三―一五五七）により没落し、徐光啓が生まれたころには農業と手工業に従事していた。幼いころから倭寇の話を聞いて育ち、早くから農業の実態を知ったことは、国家防衛のための軍事技術に関心をもち、また継続的に農業技術を研究するなど、徐光啓の生涯に大きな影響を与えた。

貧しい生活のなかで勉学を重ね、万暦《ばんれき》九年（一五八一）二十歳で、秀才（科挙の地方予備試験合格者）となるが、それから先がうまくゆかず、何度も落第したあげく、万暦二十五年、郷試《きょうし》（科挙の地方試験）に合格、万暦三十二年（一六〇四）、ようやく会試《かいし》（中央試験）に合格し晴れて官界入りを果たした。このとき徐光啓はすでに四十三歳だった。

二十三年におよんだ浪人期間、彼は家庭教師などをして生計を立てたが、この間の最大の事件はキリスト教を知り、南京にいた宣教師のマテオ・リッチ（利瑪竇《りまとう》）やダ・ローチャ（羅如望《らじょぼう》）を訪問して西洋の文化・科学の話を聞いたことである。ちなみに、彼は万暦三十一年に洗礼をうけ、中国人キリスト教徒の指導者となってゆく。

徐光啓の官僚生活は天啓《てんけい》年間（一六二一―一六二七）、猛威をふるった宦官の魏忠賢《ぎちゅうけん》一派に弾劾され追放された事件をのぞいて、順調に推移し、崇禎《すうてい》帝（一六二七―一六四四在位）の即位後の崇禎三年（一六三〇）には礼部尚書《れいぶしょうしょ》（宰相）にまでなった。この間、徐光啓は満州族の清が勢いを強めるおりから、軍事教練の強化を主張したが成功せず、代案として西洋の火器製造技術の導入を提案した。かくして、アダム・シャール（湯若望《とうじゃくぼう》）らイエズス会の宣教師を北京に呼び寄せ、大砲など火器製造に着手する。また、西洋の暦法をとりいれて、明の暦（大統暦《だいとうれき》）を改修するとともに、西洋暦学の書物を次々に翻訳した。なお、彼が改修・策定した暦は明王朝では用いられなかったが、崇禎六年（一六三三）に彼が死去してから十一年後、明を滅ぼして成立した清王朝によって新暦として採用された。

公務絡みで科学方面の研究や作業をつづける一方、徐光啓は先述のとおり、マテオ・リッチの協力を得て『幾何原本』を翻訳・刊行したり、中国古来の農学者の説を集大成した『農政全書』を編纂し、死に至るまで手を入れるなど、みずからの主要な研究を倦《う》まずたゆまず継続した。総じて徐光啓が従来の中国の科学者、たとえば北宋《ほくそう》の沈括《しんかつ》(本書九九頁)などと決定的に異なるのは、西洋科学の基礎知識を身につけたうえで、中国の科学をとらえかえしていることだ。
十七世紀半ばの明末、中国科学は近代目前の地点まで到達していたといえよう。

◆徐光啓の文より「幾何原本雑議《きかげんぽんざつぎ》」(部分)

凡《およ》そ人《ひと》の学問《がくもん》に、一半《いっぱん》を解《かい》し得《う》る者有《ものあ》り、十《じゅう》の九或《きゅうある》いは十《じゅう》の一《いっ》を解《かい》し得《う》る者有《ものあ》り、独《ひと》り幾《き》何《か》の学《がく》のみ、通《つう》は即《すなわ》ち全通《ぜんつう》、蔽《へい》は即《すなわ》ち全蔽《ぜんぺい》にして、更《さら》に高下《こうげ》分数《ぶんすう》の論《ろん》ず可《べ》き無《な》し。

およそ人の学問には、その半分を理解できるものがあり、その九割あるいは一割を理解できるものもあるが、ただ幾何学だけは、わかればすべてわかる、わからなければすべてわからないのであって、理解の程度や等級を云々することはできない。

Ⅲ　近代への跳躍

「秋風秋雨　人を愁殺す」
——秋瑾の言葉より

1　王朝交替期を生きぬく——明末清初

馮夢龍

ふうぼうりゅう――史上初の「編集者」

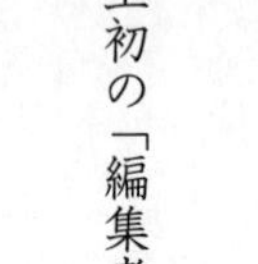

文章家・編集者
明末
1574-1646

馮夢龍《ふうぼうりゅう》あざな猶龍《ゆうりゅう》は、白話《はくわ》(口語体)で書かれた短篇小説集「三言《さんげん》」の編者として知られる。「三言」は『古今小説《ここんしょうせつ》(喩世明言《ゆせいめいげん》)』『警世通言《けいせいつうげん》』『醒世恒言《せいせいこうげん》』の三部からなり、各四十篇、つごう百二十篇の短篇小説を収録する。このなかには北宋《ほくそう》以来、町の盛り場で講釈師が聴衆を前に語った講談のテキスト(話本《わほん》)をほぼ原型どおり収録したものと、明《みん》代の文人がこれをまねて著した擬話本《ぎわほん》とが入り混じっており、擬話本には馮夢龍の自作も含まれる。明末には出版業が盛んになり、馮夢龍は科挙の受験参考書を編纂・刊行したり、白話長篇小説の『水滸《すいこ》伝《でん》』を校訂し豪華本として刊行するなど、敏腕の編集者として活躍した。「三言」はそんな彼が編集者としての手腕を発揮し、古今の傑作話本を選りすぐった「通俗文学」の精華である。

馮夢龍は江南の大商業都市蘇州《そしゅう》に生まれ育った。生家は中クラスの知識人階層であり、彼も科挙合格をめざしたが、どうしても合格できず、五十七歳のとき、別のルートで官吏資格を得るまで、約四十年にわたって受験、落第を繰り返した。この間、五十近くまで、駆け出しの編集者として出版にたずさわる一方、資産家の子弟の家庭教師をして生計を立てた。『麟経指月《りんけいしげつ》』と題した受験参考書を編纂・刊行して評判になったのも、家庭教師時代のことである。万年落第生が受験参考書で当てるというのも妙な話だが、ともあれこの成功を機に、馮夢龍は「三言」をはじめ通俗文学関係の編著を次々に刊行し、蘇州出版界の大物となってゆく。

十六世紀末から十七世紀初めの明末は異様な熱気にあふれた時代であり、政治・経済・文化など種々の分野で従来の価値観の見直しや転換がはかられた。文学においても、正統的詩文のみを重視する文学観が否定され、それまで通俗だと蔑視されてきた白話小説や戯曲への評価が高まる。こうした雰囲気のなかで、馮夢龍は従来、存在しなかったプロの編集者として通俗文学書の編纂・刊行にたずさわり、明末通俗文学の旗手と目されるに至る。

とはいえ、馮夢龍は官僚幻想を捨てきれず、先述のごとく、官吏資格を得たあと、福建《ふくけん》省寿《じゅ》寧《ねい》県知事のポストを獲得、六十一歳からあしかけ五年にわたって在職した。こうしてささやかながら長年の夢を実現させたあと、蘇州の出版界に復帰、数年の間、編集活動に没頭した。しかし、馮夢龍は平穏な晩年をまっとうできなかった。崇禎《すうてい》十七年(一六四四)、明が滅亡し清《しん》軍が江南に向けて怒濤《どとう》の進撃を開始したさい、老いの身にむちうって反清運動に加わり東奔西走したあげく、清の順治《じゅんち》三年（一六四六）、曲折にみちた生涯を終えたのである。その死の状況については諸説紛々、詳細はわからない。通俗文学の旗手から反清運動の老闘士へ、馮夢龍は明末という独特の時代とともに生き、死んだ人だといえよう。

◆馮夢龍の文より『情史《じょうし》』情俠類総評《じょうきょうるいそうひょう》（部分）

豪傑《ごうけつ》の、風塵《ふうじん》の中《うち》に憔悴《しょうすい》すること、鬚眉《しゅび》の男子《だんし》は識《し》る能《あた》わざるも、女子《じょし》は能《よ》く之《これ》を識《し》る。其《そ》の或《ある》いは窘迫急難《きんぱくきゅうなん》の時《とき》、富貴有力《ふきゆうりょく》なる者《もの》は急《きゅう》とする能《あた》わざるも、女子《じょし》は能《よ》く之《これ》を急《きゅう》とす。名節関係《めいせつかんけい》の際《さい》に至《いた》っては、平昔聖賢《へいせきせいけん》もて自《みずか》ら命《めい》ずる者《もの》は周全《しゅうぜん》する能《あた》わざるも、女子《じょし》は能《よ》く之《これ》を周全《しゅうぜん》す。

英雄豪傑が俗世においてひどい目にあうことを、男たちはわからないが、女性はちゃんとわかる。英雄豪傑が絶体絶命の窮地に陥ったさい、金持ちの権力者は一大事と受けとめることができないが、女性はそれを一大事と受けとめることができる。名誉節操が問題となる事柄について、日ごろ聖賢を自認する者はそれを十分にまっとうすることができないが、女性はそれを十分にまっとうすることができる。

張岱《ちょうたい》――あっぱれな遺民

文章家
明末
1597–1689?

明末《みんまつ》の文人張岱《ちょうたい》あざな宗子《そうし》は浙江山陰《せっこうさんいん》（浙江省紹興《しょうこう》市）の出身である。彼の高祖父・曾祖父・祖父は三代つづいて進士《しんし》（科挙合格者）となり、高級官僚として活躍、張家に輝かしい名誉と莫大な富をもたらした。もっとも、張氏一族は官僚社会で羽振《はぶ》りをきかせることより、三代にわたって収集した膨大な量の蔵書を有するなど、学問や著述を重視する傾向がつよかった。また、張氏一族には奇人が多く、先祖と異なり科挙に落第しつづけた張岱の父も神仙術に凝り、浮世離れした生活を送った。

父の姿をみて感ずるところがあったのか、張岱自身は科挙を受験せず、遊び仲間とともに物見遊山に明け暮れ、芝居・骨董・庭園・登山・音楽・闘鶏・花火等々の趣味にうちこむ日々をすごした。その一方で、彼はたいへんな読書家であり、書籍収集に情熱を傾ける蔵書家でもあった。のみならず、詩文・随筆・戯曲など多種多様の著述に手を染め、早くから明一代の歴史をつづった『石匱書《せききしょ》』の執筆にも着手していた。つまるところ、張岱は多芸多趣味にして博学多識、在野の超一流文人だったのである。

十六世紀末から十七世紀初めの明末には、張岱のようなタイプの知識人、文人が続出した。この時期、無能な皇帝と宦官の横行、さらには官僚間の派閥抗争によって、政局は腐敗し、回復不能な末期状態に陥っていた。こうした状況を見て、嫌気のさした知識人階層のなかから、科挙に合格し世のため人のために尽くすことを第一義とする、従来の儒教的価値観に反発し、もっと自由に個人の生を楽しもうとする人々があらわれたのである。

しかし、志向を同じくする人々とともに、のびやかに生きた張岱の人生は明王朝の滅亡を境《さかい》に一変する。崇禎《すうてい》十七年(一六四四)、張岱が四十八歳のときに、明は李自成《りじせい》の率いる農民反乱軍「流賊《りゅうぞく》」によって滅ぼされ、やがて流賊を追いはらい北京《ペキン》を制圧した満州族の清王朝が江南各地に成立した明の亡命政権を次々に滅ぼし、中国全土を支配するに至る。

この激動のなかで、張岱は全財産を失い、一転して貧乏のどん底に落ちた。親しい友人のうち、征服王朝清に屈服することを潔《いさぎよ》しとせず、抵抗して処刑された者やみずから命を絶った者も多かった。しかし、張岱は生きつづける道を選んだ。清の支配体制に繰り込まれることを拒否し、大家族をかかえて世捨て人となり、食べるに事欠く貧乏生活をつづけながら、『石匱書』

を完成し、かつての快楽の日々を回想した珠玉のエッセイ集『陶庵夢憶《とうあんむおく》』をはじめ、おびただしい作品を著すことに、のこりの人生を賭けたのである。

一説によれば、張岱は康熙《こうき》二十八年（一六八九）、九十三歳まで生きたとされる。だとすれば、なんと清の支配下で半世紀近く、明の「頑民《がんみん》（頑強な遺民）」として生きぬいたことになる。なんともあっぱれというほかない。

◆張岱の文より　「自為墓誌銘（自《みずか》ら為《つく》りし墓誌銘《ぼしめい》）」（部分）

蜀人張岱《しょくひとちょうたい》、陶庵《とうあん》は其《そ》の号《ごう》なり。少《わか》くして紈袴《がんこ》の子弟為《していた》り、極《きわ》めて繁華《はんか》を愛《あい》し、精舎《せいしゃ》を好《この》み、美婢《びひ》を好《この》み、孌童《らんどう》を好《この》み、鮮衣《せんい》を好《この》み、美食《びしょく》を好《この》み、駿馬《しゅんめ》を好《この》み、華灯《かとう》を好《この》み、煙火《えんか》を好《この》み、梨園《りえん》を好《この》み、鼓吹《こすい》を好《この》み、古董《ことう》を好《この》み、花鳥《かちょう》を好《この》み、兼《か》ねて茶淫橘虐《ちゃいんきつぎゃく》、書蠹詩魔《しょとしま》を以《もっ》てす。半生《はんせい》を労碌《ろうろく》し、皆《み》な夢幻《むげん》と成《な》る。年五十《としごじゅう》に至《いた》って、国破《くにやぶ》れ家亡《いえほろ》び、跡《あと》を山居《さんきょ》に避《さ》くるも、存《そん》する所《ところ》の者《もの》は、破床砕几《はしょうさいき》、折鼎病琴《せっていびょうきん》と、残書数帙《ざんしょすうちつ》、缺硯一方《けつけんいっぽう》とのみ。

蜀人張岱（張岱の遠い先祖は蜀すなわち四川省の人だった）、陶庵はその号である。私は名門に生まれ、たいへんな派手好きだった。美邸、美女、美少年、美衣、美食、駿馬、きれいな提灯、花火、芝居、音楽、骨董、花鳥が大好きなうえに、お茶マニアの蜜柑《みかん》狂い、本マニアの詩狂いだった。こうしてあたふたと半生をすごしたが、すべて夢まぼろしと化してしまった。五十の年に国破れ家亡び、山中に逃れ住んだが、手元に残ったには、壊れたベッド、ぼろ机、欠けた鍋、調子の狂った琴に、数帙の本、きずものの硯《すずり》だけであった。

柳敬亭《りゅうけいてい》——不屈の天才芸人

講釈師
明末清初
1587–1666

明《みん》末清《しん》初に生きた柳敬亭《りゅうけいてい》は、一世を風靡した天才的な説書《せっしょ》芸人（講釈師）だった。彼は十五、六歳のころ、故郷の江蘇《こうそ》省泰《たい》州で悪辣な地方ボスを殺害し、巡撫《じゅんぶ》（地方軍事長官）の李三才《りさんさい》が情状酌量してくれたおかげで、命拾いしたことがあった。李三才は反宦官派知識人の政治結社「東林党《とうりんとう》」の重要メンバーである。柳敬亭は李三才との出会いを機に、生涯を通じて、東林党およびその系統を受け継ぐ「復社《ふくしゃ》」のメンバーに深く共感し、彼らと連帯しつづけた。

減刑され故郷を離れたのち、柳敬亭は講釈師となり、江南各地を遍歴して芸を磨きあげた。そのかいあって、副首都にして大商業都市である南京《ナンキン》に拠点を移し、人気絶頂の名講釈師となった。しかし、崇禎《すうてい》十六年（一六四三）、彼は講釈師暮らしに終止符をうち、武昌《ぶしょう》（湖北《こほく》省）に駐屯する明軍の将軍左良玉《さりょうぎょく》の幕僚となる。政情不穏のおりから、反乱軍になりかねない左良玉を牽制するためである。左良玉は復社に好意的だったので、復社のメンバーから依頼があったとおぼしい。左良玉に仕えた柳敬亭は、しばしば忠臣を主人公とする講釈を語って聞かせ、根が単純な武人左良玉の暴走をくいとめる役割を存分に果たした。

翌崇禎十七年、明は滅亡し、満州族の清が北京を制圧、全土支配をめざして江南進撃を開始する。この危機に、南京では明王朝の一族福《ふく》王をいただく亡命政権が作られたが、主導権をにぎったのはなんと明滅亡の元凶たる宦官派官僚だった。彼らは福王政権に参加した復社系知識人や左良玉を排斥し、こらえかねた左良玉はついに挙兵、南京へ向けて軍勢を進めた。しかし、その途中で病没し、主を失った左良玉軍は福王軍に撃破されてしまう。

こうして当面の危機は脱したものの、根底のない福王政権が長続きするはずもなく、順治《じゅんち》二年(一六四五)、清軍が南京に迫るや、福王らは逃亡し、復社系知識人のリーダー銭謙益《せんけんえき》(一五八二―一六六四)が残された官僚を率いて、清軍に降伏するというあっけない幕切れを迎える。この間、柳敬亭は復社系知識人と連絡をとるべく、左良玉軍の進撃に先立って南京に入り、清軍が入城したときも依然として滞在していたもようである。

以後、清の全土支配が動かしがたい現実となる情勢のもとで、柳敬亭は講釈師暮らしにもどり、八十歳で死去するまで約二十年、江南各地を渡り歩いた。こうして老いの身に鞭うって講釈師暮らしをつづけながら、死ぬまで彼は志を同じくする復社系の知識人と交流し、深い信頼関係を保った。明確な政治意識と不屈の志をもって、明末清初の激動期を生きぬき戦いぬいた名講釈師柳敬亭。こんな芸人は長い中国史を通じて、空前絶後というほかない。ちなみに、清初に著された孔尚任《こうしょうじん》(本書一六四頁)の戯曲「桃花扇《とうかせん》」においても、この柳敬亭は異彩を放つ重要な登場人物として描かれている。

◆柳敬亭の逸話より　張岱《ちょうたい》『陶庵夢憶《とうあんむおく》』「柳敬亭説書《りゅうけいていせつしょ》」(部分)

余《よ》　其《そ》の「景陽岡《けいようこう》にて武松《ぶしょう》　虎《とら》を打《う》つ」の白文《はくぶん》を聴《き》くに、本伝《ほんでん》と大《おお》いに異《こと》なる。其《そ》の描写《びょうしゃ》刻画《こくかく》なること、微《かす》かに毫髪《ごうはつ》に入《い》り、然《しか》れども又《ま》た找截干浄《そうせつかんじょう》、並《なら》びに嘮叨《ろうとう》ならず。哱夬《ぼっけつ》の声《こえ》は巨鐘《きょしょう》の如《ごと》く、説《と》きて筋節《きんせつ》の処《ところ》に至《いた》らば、叱咤叫喊《しったきょうかん》、洶洶《きょうきょう》として屋《おく》を崩《くず》さんとす。

私は柳敬亭の「景陽岡にて武松、虎を打つ」の講釈を聞いたことがあるが、『水滸伝』の本文とは大いに異なっていた。その描写は克明で、微に入り細にわたり、しかも補い方、切り取り方がすっきりしていて、くどくどしたところはまったくなかった。メリハリのきいた大きな鐘のような声をはりあげ、話がかんじんなところにくると、叱咤叫喚、轟々《ごうごう》と建物を崩さんばかりの勢いになる。

毛晋《もうしん》―書籍へのあくなき情熱

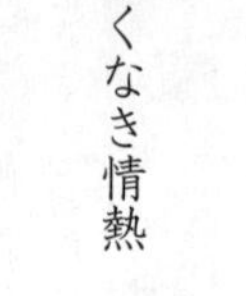

蔵書家・出版家
明末清初
1599–1659

明末清初に生きた毛晋《もうしん》あざな子晋《ししん》は蔵書家・出版家として知られる。江蘇省常熟《じょうじゅく》県の素封家に生まれた毛晋は、同郷の大文学者銭謙益《せんけんえき》に師事し学問にはげんだが、科挙には合格できなかった。そこで心機一転して郷里に腰を落ち着け、宋本《そうほん》（宋代に刊行された書籍）を中心に善本の収集に専念した。

収集にあたり、毛晋は自邸の前に「宋本をもって来れば一頁につき二百金を支払う。……それ以外の善本をもって来た場合、他家が千金出すなら、うちでは千二百金出す」と張り紙をしたため、各地から古書を扱う業者が殺到した。伝統的儒学についてはいうまでもなく、多様な分野に目配りがきき、書誌学にも精通した毛晋は、こうして持ち寄られた膨大な書籍のなかから善本を選択し、蔵書を充実させていった。その蔵書は最終的に八万四千冊以上にのぼったという。そこで、毛晋は二つの書庫を建造、「汲古閣《きゅうこかく》」と「目耕楼《もくこうろう》」と名づけて、おびただしい蔵書を整理・分類して収蔵したのだった。

　蔵書収集に意欲を燃やす一方、毛晋は積極的に出版活動をおこなった。その出版システムはきわめて合理的なものだった。まず出版に先立ち、毛晋が蔵書のなかから出版に値する善本を選びだし、他のテキストと照合し校訂をおこなう。このとき、蔵書以外のテキストが必要であれば、所蔵者から借り受け抄本《しょうほん》(写し)を作る。抄本作成には人手が必要であり、毛家の二百人にのぼる使用人は全員この仕事ができたという。校訂については、毛晋とやはり書誌学に精通した五男の毛扆《もうい》があたったほか、当該の文献に詳しい学者を招聘、汲古閣の一室に滞在してもらって作業をすすめた。こうして出版の準備がととのうと、汲古閣の一部に設けた出版用工場で、刻書(木版に刻む)・印刷・装丁などの作業をおこなう。この実際の製作過程には、毛家の使用人を含め、常時二百人あまりが関わったとされる。

　このようにして、明末から清初にかけて毛晋・毛扆父子が刊行した書籍は合計五百八十七種にのぼり、そのうちわけは、大部の叢書『十三経注疏《じゅうさんぎょうちゅうそ》』『十七史』『津逮秘書《しんたいひしょ》』『漢魏六朝《かんぎりくちょう》百三家集』から、漢《かん》代の字書『説文解字《せつもんかいじ》』、明代戯曲集『六十種曲』、故郷常熟の地方志等々まで、まことに多岐にわたる。これらは「汲古閣本」あるいは「毛本」と呼ばれ、その多くは現在に至るまで、良質のテキストとして広く流通している。

毛晋・毛扆の成し遂げた出版の仕事は以上のように空前の快挙であったものの、一回の出版部数はせいぜい二、三百部止まり。かけた元手を回収することは端から不可能だった。かくして、毛晋の孫の代になると毛家は没落、汲古閣の蔵書はあっというまに散佚し、十万枚もの膨大な版木も人手に渡ってしまう。今に伝わる毛扆編『汲古閣珍蔵秘本書目《きゅうこかくちんぞうひほんしょもく》』によって、その蔵書の核心をうかがうことができるのが、せめてもの慰めである。

◆毛晋に関する言い伝えより『蘇州府志《そしゅうふし》』

三百六十行生意《さんびゃくろくじゅうこうせいい》、書《しょ》を毛氏《もうし》に鬻《ひさ》ぐに如《し》かず。

どんな商売するよりも、毛氏に本を売るが勝ち。

余懐《よかい》――旧都に捧げる哀歌

詩人
明末清初
1616–1695 以降

明末清初の転換期に生きた余懐《よかい》あざな澹心《たんしん》は著名な詩人であり、随筆集『板橋雑記《はんきょうざつき》』の著者として知られる。余懐の父は福建省甫田《ほでん》県の出身だが、手広く商業を営んで大成功し、江南の中心都市南京に移住した。余懐は豪商の子として南京に生まれ育った。彼は伝統的な教養をマスターし、早くから詩人として名をあげ、戯曲家の李漁《りぎょ》をはじめ多くの文人と親しく交際し、南京の花柳界秦淮《しんわい》にも足しげく出入りした。

科挙には崇禎《すうてい》十五年（一六四二）、二十七歳で郷試《きょうし》（地方試験）に落第、以後、受験した気配はない。『板橋雑記』には、このとき馴染《なじ》みの妓女が毎日占ってくれたが、そのかいなく落第したと記されている。ちなみに、郷試の試験場「貢院《こういん》」は秦淮に隣接しており、三年に一度おこなわれる試験の時期には、大勢の受験生が秦淮の妓楼につめかけたという。

郷試落第を除き、のびやかに快楽を尽くした余懐の人生は、崇禎十七年、二十九歳のときに明が滅亡、満州族の清が江南に進撃を開始した時点で激変する。余懐は家族を引き連れ紹興《しょうこう》(浙江省)に避難したものの、南京に福《ふく》王をいただく亡命政権が成立したために、南京にもどり、これに参加する。付言すれば、この避難の過程で彼は妻を亡くしている。

福王政権が瓦解し、清王朝の全土支配が確立したあと、余懐は主として蘇州に居住して、詩を作り随筆を書く一方、江南各地を旅行し、明の遺民として悠然たる生活をつづけた。おそらく手元に資産も残っていたのであろう。前項で紹介した出版家の毛晋《もうしん》は、清代初期、汲古閣《きゅうこかく》から余懐の詩集『江山集《こうざんしゅう》』(すでに散佚)を刊行している。毛晋の汲古閣本は大部の叢書の刊行で知られるが、こうして同時代人の貴重な作品集も刊行しているのである。毛晋も余懐も明の遺民であり、彼らの間にはひそかな、しかし強靭な連帯意識があったのだろう。

今に残る余懐の随筆集『板橋雑記』は、明末、南京の花柳界秦淮で一世を風靡した名妓や芸人(講釈師・楽師・幇間《ほうかん》等々)の姿を列伝形式で描いた作品である。明末の名妓は、知的教養を備え、詩文や書画に巧みなことが必須の条件であった。このため、江南の蘇州や南京の名妓には有数の文人と対等に語り合い、政治意識まで共有する者が多かった。

余懐は、秦淮の名妓や、天才講釈師柳敬亭《りゅうけいてい》をはじめとする芸人の来し方行く末をたどり、とりわけ明滅亡の混乱期に、毅然としてプライドを保ち死んでいった名妓の姿を、哀惜をこめて描いた。ここでは、一場の夢と消えた花柳の巷秦淮と、滅び去った明という時代がみごとに二重化されている。明の遺民余懐が著した随筆集『板橋雑記』は、花柳界エッセイのスタイルをとった、明への哀歌、挽歌にほかならないのである。かくして悠々と遺民生活を続行すること五十有余年、余懐は八十余歳の長寿を保ったとされる。

◆余懐の詩より「看花詩(花《はな》を看《み》るの詩《し》)」

贏《か》ち得《え》たり　春晴幾日《しゅんせいいくじつ》の閑《かん》
南山《なんざん》游《あそ》ぶこと遍《あまね》く　又《ま》た西山《せいざん》
吉祥寺裏《きっしょうじり》　花《はな》は雪《ゆき》の如《ごと》く
我《わ》れの帰《かえ》り来《きた》って両鬢《りょうびん》の斑《まだら》なるを笑《わら》う

贏得春晴幾日閑
南山游遍又西山
吉祥寺裏花如雪
笑我帰来両鬢斑

うららかな春に数日の暇を得て、南山のあちこちに遊び、さらに西山に足を伸ばす。吉祥寺の境内では、咲き誇る花が雪のように白かったが、それはあたかも久しぶりに帰って来た私の左右の鬢の毛が白髪交じりになってしまったことを、からかっているかのようであった。

柳如是《りゅうにょぜ》――聡明なる男装の文人

文人
明末清初
1618-1664

明末清初、江南を舞台に活躍した柳如是《りゅうにょぜ》は妓女出身の女性文人である。明最後の皇帝、崇禎《すうてい》帝(一六二七―一六四四在位)の時代、柳如是は才気煥発の名妓として、江南の知識人の注目を集めた。当時の江南は政治腐敗を糾弾する知識人グループ「復社《ふくしゃ》」や「幾社《きしゃ》」の牙城であり、彼らはしばしば会合をもよおし大議論を展開した。

この熱っぽい雰囲気のなかで、柳如是は「幾社」のリーダー格である陳子龍《ちんしりゅう》(一六〇八―一六四七)と恋に落ち、崇禎七年(一六三四)から約二年、同棲生活を送る。この間、彼女は陳子龍から詩文の作り方や書画のえがき方等々、多くのことを学び、陳子龍が幾社のメンバーと議論するときも同席して議論に加わり、政治意識を尖鋭化した。しかし、正夫人のいる陳子龍との関係はやがて暗礁に乗りあげ、柳如是はみずから別れを告げた。

陳子龍と別離後、柳如是は妓籍を離脱し、自作の書画を売って生計を立てながら、江南各地を遍歴した。いわばフリーの女性文人となったわけだ。この間、彼女は好んで男装し、剣術もマスターした。男装の女性文人柳如是の運命は、崇禎十三年、二十三歳のときに、文壇の大立者にして江南知識人の敬愛の的だった在野の大政治家、銭謙益《せんけんえき》と出会ったことにより大きく変化する。この翌年、柳如是は正式に銭家に迎え入れられ、正夫人が仏道に帰依し俗事に無関心だったため、銭謙益自慢の書庫「絳雲楼《こううんろう》」に収蔵された貴重書の整理・校訂から、銭家の経済向きのことまで、いっさい取り仕切るなど、銭家の実質的な女主人として手腕をふるう。

しかし、充実した日々を送ったのもつかのま、柳如是はまもなく激動する時代の荒波に巻き込まれる。崇禎十七年、明は滅亡し、華北を制覇した満州族の清が江南への進撃を開始する。この危機にあたり、銭謙益は明王朝の一族福《ふく》王をいただく南京の亡命政権に参加する。しかし、福王政権は内紛つづきで機能せず、順治《じゅんち》二年(一六四五)、清軍の攻勢をうけ、銭謙益は福王政権の官僚を率いて降伏するに至った。かくて銭謙益は清王朝の官僚となるが、数か月で辞任、以後、故郷の常熟《じょうじゅく》(江蘇省蘇州市)を拠点に反清運動をつづけた。

柳如是はもともと銭謙益が清に降伏することに反対だった。だから、銭謙益が常熟にもどり反清運動に関わるようになると、一転して積極的に協力した。しかし、彼女の昔の恋人陳子龍も逮捕され獄中死するなど、反清運動も挫折がつづくおりしも、康熙《こうき》三年(一六六四)、銭謙益は死去した。この直後、柳如是は銭謙益の遺産に目をつけた親類に無理難題をふっかけられ、あくどい親類を告発するよう遺言し、縊死《いし》して果てた。ときに四十七歳。明末清初の激動期において、柳如是は強靭な知性と潑剌《はつらつ》たる現実感覚を、すぐれた男たちとの出会いによってとぎすましながら、こうしてみずからの生を完全燃焼させたのである。

◆柳如是の詞より「夢江南《ぼうこうなん》（懐人〔人を懐《おも》う〕）」（部分）

人去《ひとさ》りぬ　　人去也
人去《ひとさ》りて　夢偏《ゆめひと》えに多《おお》し　　人去夢偏多
憶《おも》う昔《むかし》　見《まみ》えし時《とき》　多《おお》く語《かた》らず　　憶昔見時多不語
而今《じこん》　偸《ひそ》かに悔《く》ゆ　更《さら》に生疏《せいそ》なるを　　而今偸悔更生疏
夢裏《むり》　自《みずか》ら歓娯《かんご》す　　夢裏自歓娯

あの人（陳子龍を指す）は行ってしまった、あの人が行ってから夢見ることがぐんと増えた。かっていっしょにいた時は言いたいことも十分に言い尽くせなかった気がするし、いまはさらに縁遠くなってしまったことをひそかに悔いるばかり。夢の中で喜びにひたるだけ。

2　歴史と芸術をみつめなおす——清

万斯同

ばんしどう―時代を見る冷静なまなざし

歴史家
清
1638-1702

清《しん》初に生きた万斯同《ばんしどう》あざな季野《きや》は異色の歴史家である。父の万泰《ばんたい》は、挙人《きょじん》（科挙の地方試験「郷試《きょうし》」合格者）の資格で官吏になったが、途中で辞職、郷里の浙東《せっとう》（浙江《せっこう》省東部）の鄞《きん》県（現在の寧波《ニンポー》市）に帰った。宦官の専横によって混乱する明《みん》末の政治状況に絶望したとおぼしい。万泰には息子が八人あり、万斯同は八男にあたる。貧乏暮らしのなかで、万泰はみずから息子たちを教育したあと、浙東出身の大学者黄宗羲《こうそうぎ》（一六一〇—一六九五）に弟子入りさせた。黄宗羲の門下からは「浙東学派」と総称される優秀な歴史学者が輩出しており、万斯同もその一人である。

浙東学派のリーダー黄宗羲は劇的な人生を送った。彼の父黄尊素《こうそんそ》は明末、宦官派と対立した知識人結社「東林党《とうりんとう》」のメンバーであり、天啓《てんけい》六年（一六二六）、猛威をふるった宦官魏忠賢《ぎちゅうけん》の差し金で獄中死した。明最後の皇帝崇禎《すうてい》帝（一六二七—一六四四在位）は即位するや、魏忠賢を弾劾し（のち自殺）、その手にかかった東林党メンバーの名誉回復をおこなった。黄宗羲はなおも悪辣な宦官派官僚二名の処刑を求め、審問のさい、彼らを鉄錐で突き刺し負傷させた。その後さらに、黄宗羲は東林党メンバーを獄中で虐殺した獄卒二人を刺殺したが、崇禎帝はすべて不問に付した。

明滅亡後、黄宗羲は反清運動に身を投じ、郷里の子弟を糾合《きゅうごう》して江南各地で清軍と戦った。しかし、明の復興は絶望的だと知ると、帰郷して学問と著述に没頭する日々を送った。国家がどうあるべきかを論証した代表作『明夷《めいい》待訪録《たいほうろく》』は、後世に大きな影響を与え、清末・中華民国初期の大ジャーナリスト梁啓超《りょうけいちょう》（本書一八六頁）は、彼を「中国のルソー」と称賛した。

清王朝の基礎が固まったのち、大学者たる黄宗羲は何度も出仕を要請されたが、すべて謝絶した。康熙《こうき》十八年（一六七九）、『明史』編纂事業への協力を依頼されたときも辞退し、息子の黄《こう》百家《ひゃくか》と弟子の万斯同を推薦した。万斯同も師と同様、生涯にわたって仕官せず、協力者の立場で『明史』の編纂に力を尽くした。博学多識の万斯同は種々の明代の記録に精通しており、惜しみなくその蓄積を提供して、『明史』の充実につとめたのだった。

歴史家万斯同の最大の業績は『歴代史表』（六十巻）を著したことだ。これは漢《かん》から宋《そう》まで各代ごとに編年形式で、重職についた者のリスト（将相《しょうしょう》大臣年表）や州の長官のリスト（方鎮《ほうちん》年表）を作成したものだが、非常に精確で緻密な仕事である。名前を羅列した単なるリストのようでありながら、ここには各時代の権力の構図がおのずと浮き彫りにされており、圧巻というほかない。激越な黄宗羲が第一世代の明の遺民であるとすれば、弟子の万斯同は第二世代の遺民にあたる。彼はいかにも第二世代らしく歴代王朝の興亡や政治状況の変遷を冷静に透視しながら、康熙四十一年(一七〇二)、死去した。ときに六十五歳。

◆万斯同の文より「与従子貞一書(従子貞一《じゅうしていいつ》に与《あた》うる書《しょ》)」(部分)

古今《ここん》の典章法制《てんしょうほうせい》をして胸中《きょうちゅう》に燦然《さんぜん》とし、而《しこう》して経緯条貫《けいいじょうかん》して実《じつ》に万世《ばんせい》の長策《ちょうさく》を建《た》つ可《べ》からしめ、他日《たじつ》用《もち》いらるれば則《すなわ》ち帝王《ていおう》の師《し》と為《な》り、用《もち》いられざれば則《すなわ》ち書《しょ》を名山《めいざん》に著《あらわ》し、後世《こうせい》の法《ほう》と為《な》りて、始《はじ》めて儒者《じゅしゃ》の実学《じつがく》と為《な》り、吾《われ》も亦《ま》た天地《てんち》の間《かん》に俯仰《ふぎょう》して愧《は》ずる無《な》きなり。

古今の法典や制度をありありとした形で胸中に収め、それらを整然と体系化して万世にわたる長久の政策をうち立てることを可能にし、他日、任用されれば帝王の師となり、任用されなければ書物を名山に著し、後世の法となって、それではじめて儒者の実学となるのであり、私もまた仰いでは天に対し、伏しては地に対して恥じるところがないのである。

八大山人
はちだいさんじん──黙して内奥を見つめる

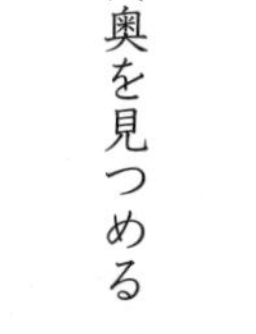

画家
清
1626-1705

清初の画家、八大山人《はちだいさんじん》は本名を朱統𨨗《しゅとうらん》もしくは朱耷《しゅとう》といい、明《みん》王朝の一族である。一族の元祖朱権《しゅけん》は明の初代皇帝、洪武《こうぶ》帝の息子であり、朱権の子孫は八大山人の父の代まで二百数十年にわたり、南昌《なんしょう》(江西《こうせい》省)に居住していた。

八大山人の境遇は、崇禎《すうてい》十七年(一六四四)、十九歳のときに明が滅亡、まもなく満州族の清が中国全土支配をめざし、江南に向けて進撃したのを境《さかい》に激変する。明の王族の末裔《まつえい》である彼は、清軍に捕縛されることを恐れ、身一つで南昌を脱出、五年にわたって山中の寺院を転々とする逃亡生活を送る。清王朝の全土支配が軌道に乗った順治《じゅんち》五年(一六四八)、八大山人はついに出家し仏門(禅宗。曹洞宗《そうとうしゅう》)に入った。以後、仏道修行にはげむ一方、画をかくようになり、画のうまい高僧、八大山人の名声はしだいに高まった。しかし、出家してから三十一年後の康《こう》熙《き》十八年(一六七九)、またもや彼の身に危難がふりかかる。

この年、八大山人は南昌の南方十キロにある臨川《りんせん》県の長官に招かれて詩文の会に出席したところ、そのまま身柄を拘束され、約一年半にわたって官舎に軟禁される羽目になった。おりしも、清の中国支配に貢献し、破格の厚遇をうけていた呉三桂《ごさんけい》ら三人の明の降将が、特権を剝奪しようとする清王朝に叛旗をひるがえした「三藩の乱《さんぱんのらん》」の渦中であり、八大山人の軟禁事件もこれに関係があったのかもしれない。ともあれ、長期にわたる軟禁の結果、八大山人は神経に異常をきたし、官舎を脱出して故郷の南昌に逃げ帰った。長官もそんな八大山人は無害だと判断したのか、連れもどそうとしなかった。

南昌にもどった八大山人は甥の世話で長期療養した結果、精神状態が安定すると、さかんに画をかきはじめ、しだいに評判が高くなった。しかし、彼はいくら金品を積まれても高級官僚や財産家の注文には応じず、あげくの果ては、断るのが面倒くさいと、いっさい誰とも口をきかなくなった。そんな彼も市井《しせい》の人々に酒をふるまわれると、喜々として画筆をとり、一気呵成《いっきかせい》に作品を仕上げるのだった。また、口はきかないが、酔っぱらうと、すすり泣きをもらし、はらはらと涙をこぼしたという。ちなみに、明清交替期に遭遇し、運命の激変を味わい尽くした彼が、八大山人の号を使いはじめたのは五十九歳からである。

これ以後、征服王朝清への怨念をこめた八大山人の画風はますます尖鋭になり、ぎょろりと目をむく魚や鋭い目で睨みつける鳥など、ユニークな題材を気迫のこもったタッチで描きつづけた。晩年になるほど、画家として成熟の度を高め、次々に傑作を生み出しつつ、八大山人は康熙四十四年(一七〇五)に死去した。ときに八十歳、南昌にもどってから二十五年後のことである。写生よりも画家の内面を凝縮して表現することを重視した、その画風は「揚州八怪《ようしゅうはっかい》」(本書一七一頁)をはじめ、後世の画家に深い影響を与えたのだった。

◆八大山人の画より　「荷《か》石水禽《せきすいきん》図《ず》軸《じく》」

孔尚任《こうしょうじん》——動乱の時代をあざやかに描く

戯曲家
清
1648–1718

中国で戯曲演劇のジャンルが確立されたのは、元《げん》の時代である。この時代、モンゴル方式の政治体制からはじきだされた知識人のなかから、民衆芸能（芝居や語り物）の分野に活路を見いだす者が次々にあらわれた。かくて関漢卿《かんかんけい》・鄭徳輝《ていとくき》・白仁甫《はくじんぽ》・馬致遠《ばちえん》の四大家をはじめ、すぐれた戯曲家が輩出し、「元曲《げんきょく》」と呼ばれる戯曲ジャンルが発展した。元曲は四幕構成を原則とし、歌うのは主役一人に限られる。

ついで漢《かん》民族王朝の明の時代になると、時間の経過とともに有数の文人が競って戯曲を創作するようになり、複雑にして精緻な構成をもつ大作が続々と出現した。「明曲《みんきょく》（明の戯曲）」も元曲と同様、一種の歌劇だが、幕数に制限がなく、登場人物全員が歌うことができる。このため多幕物の長篇戯曲が主流を占め、五十幕・六十幕の作品もめずらしくない。こうした明曲の代表作家としてあげられるのは、中国のシェイクスピアと呼ばれる明末の湯顕祖《とうけんそ》（一五五〇—一六一六。代表作は「牡丹亭還魂記《ぼたんていかんこんき》」である。

満州族王朝の清の時代に入っても、長篇戯曲の隆盛はつづき、康熙《こうき》年間(一六六二―一七二二)には、洪昇《こうしょう》(一六四五―一七〇四)の「長生殿《ちょうせいでん》」(全五十幕)と孔尚任《こうしょうじん》の「桃花扇《とうかせん》」(全四十幕)の二大傑作が著される。洪昇の「長生殿」は唐の玄宗《げんそう》と楊貴妃《ようきひ》のラブロマンスの顚末《てんまつ》を描いたものであり、孔尚任の「桃花扇」は、「復社《ふくしゃ》(宦官の横行で腐敗した明末の政治状況に異議を唱えた政治・文学結社)」に属する文人侯方域《こうほういき》と俠気あふれる妓女李《り》香君《こうくん》の恋を核とし、多種多様の登場人物を絡ませながら、明滅亡前後の激動期をあざやかに浮き彫りにした作品である。

「桃花扇」の作者、孔尚任あざな聘之《へいし》は孔子の第六十四代目の子孫であり、三十代後半まで山東省曲阜《きょくふ》ですごした。彼の人生の転機になったのは、康熙二十三年(一六八四)三十七歳のときに、曲阜の孔子廟《びょう》を訪れた康熙帝に進講したことである。これが契機となり、孔尚任は国士《こくし》監博士《かんはくし》(国立大学教授)に任命され、北京に赴く。二年後、別の官職を兼務して江南に長期出張、二年にわたって滞在する。このとき孔尚任は画家の石濤《せきとう》をはじめ、多くの明の遺民と知り合い、彼らからさまざまな話を聞いた。この経験が「桃花扇」制作構想の基礎となる。以来、十数年の歳月をかけて推敲《すいこう》を重ね、康熙三十八年(一六九九)、孔尚任はようやく「桃花扇」を完成させた。「桃花扇」の人気は高く、中国各地で上演されたが、この戯曲を読んだ康熙帝は明の滅亡を哀惜する内容に不快感をいだいたとされる。

これが原因で、孔尚任は辞職して曲阜に帰郷、死に至るまで十年の間、隠遁生活を送った。清の官僚体制の一端につながりながら、明の遺民に共感し、明末抵抗派文人と妓女の恋を描ききった清初の戯曲家孔尚任。この孔子の子孫の反骨ぶりは生半可なものではない。

◆孔尚任の詩より「北固山看大江（北固山《ほくこざん》にて大江《たいこう》を看《み》る）」

孤城《こじょう》　鉄甕《てつおう》　四山《しざん》囲《かこ》み　　孤城鉄甕四山囲
絶頂《ぜっちょう》　高秋《こうしゅう》　落暉《らくき》に坐《ざ》す　　絶頂高秋坐落暉
眼見《がんけん》す　長江《ちょうこう》の大海《たいかい》に趨《おもむ》くを　　眼見長江趨大海
青天《せいてん》　却《かえ》って似《に》たり西《にし》に向《む》かって飛《と》ぶに　　青天却似向西飛

まわりを山に囲まれた鉄甕城がぽつんとそびえているのを目にしながら、高い秋空の下、夕陽を浴びて（北固山の）山頂に座っている。長江が（東のかた）大海原へ流れゆくさまを見ると、かえって青空の方が西へ向かって飛んで行くような錯覚にとらわれる。

納蘭性徳《のうらんせいとく》――死の兆しを見つめながら

文章家
清
1655–1685

清代初期の文章家、納蘭性徳《のうらんせいとく》あざな容若《ようじゃく》は北宋《ほくそう》以来、文学ジャンルの一角を占める「詞《ツー》」を得意とし、数多くの傑作をのこしている。その姓（納蘭）からうかがえるように、彼は女真《じょしん》族（満州族）の出身であり、しかも清《しん》王朝の皇帝一族と親類関係にあった（納蘭性徳の祖父と清第五代皇帝康熙《こうき》帝の祖父が従兄弟《いとこ》）。このため、父の納蘭明珠《のうらんめいしゅ》は要職を歴任し大いに権勢をふるった。納蘭明珠には貪欲な権力主義者の一面があったが、息子の納蘭性徳は名利に恬淡とした人物だった。

幼いころから聡明で多くの書を読み、詩作にもすぐれた納蘭性徳は、十八歳で郷試《きょうし》（科挙の地方試験）に合格、翌年には会試《かいし》（中央試験）にも合格した。その後、病気のため時間があいたものの、康熙十五年（一六七六）、二十二歳で殿試《でんし》（皇帝がおこなう最終試験）に合格し、皇帝に近侍する側近中の側近、侍衛《じえい》に任命された。以来、納蘭性徳は、三十一歳で夭折するまで、侍衛として康熙帝(一六五四—一七二二。一六六一—一七二二在位)に仕えつづけ、康熙帝が中国各地を巡遊するさいにも必ず随行した。先述のように、納蘭性徳と康熙帝は親類であり、また同世代だったこともあって、二人は並みの君臣の間に見られない深い信頼関係に結ばれていた。ちなみに、納蘭性徳は眉目秀麗、文武両道、文字どおり絵にかいたような貴公子であった。

このように、納蘭性徳はなに一つ不足のない典型的な貴公子であるにもかかわらず、夭折の予感のなせるわざか、栄華のかげに滅亡の兆《きざ》しを見る過敏な感覚を有し、その詞には前代王朝の明《みん》の滅亡をテーマにしたものなど、歴代王朝の衰亡を描いたものに傑作が多い。国家の衰亡に過敏な彼はギラギラときめく者を忌避し、優秀かつまっとうでありながら不遇な人物に共感し、あたうるかぎり助力した。彼の友人には明の遺民やその子孫が多く、心の底に滅び去った明への深い思いを抱えた彼らと、忘年《ぼうねん》の交わり(年齢差をこえた友人関係)を結んだことも、納蘭性徳の滅亡感覚をいっそうとぎすましたものと思われる。

一方、納蘭性徳の詞には恋歌や女性の艶姿を描いた作品にすぐれたものが多い。実生活でも、複数の宮女との恋をへて、最愛の妻盧《ろ》氏(清の重臣盧《ろ》興祖《こうそ》の娘)とめぐりあったものの、彼が二十三歳のとき、彼女と死別するなど、さまざまな浮き沈みを経験した。

名門の貴公子でありながら、はるかに滅亡を感受して名利に無関心、豪奢な生活にもなじまず、ひたすら不遇な友人に共感し、恋多き生涯を送った夭折の詞人《しじん》納蘭性徳。この類まれなる人物こそ、十八世紀中ごろ、曹雪芹《そうせっきん》（一七一五?―一七六三?）が著した中国古典小説の最高傑作『紅楼夢《こうろうむ》』の主人公、賈宝玉《かほうぎょく》のモデルだという説もある。まことに、むべなるかなというべきであろう。

◆納蘭性徳の詞より「菩薩蛮《ぼさつばん》」

榛荊《しんけい》　眼《め》に満《み》つ　山城《さんじょう》の路《みち》
征鴻《せいこう》は愁《うれ》える人《ひと》の為《ため》に住《とど》まらず
何《いず》れの処《ところ》ぞ是《こ》れ長安《ちょうあん》なる
湿雲《しつうん》　雨《あめ》を吹《ふ》きて寒《さむ》し

絲絲《しし》　心砕《こころくだ》けんと欲《ほっ》す
応《まさ》に是《こ》れ悲秋《ひしゅう》の涙《なみだ》なるべし
涙《なみだ》　客中《かくちゅう》に向《お》いて多《おお》し
帰《かえ》りし時《とき》　又《ま》た奈何《いかん》

榛荊満眼山城路
征鴻不為愁人住
何処是長安
湿雲吹雨寒

絲絲心欲砕
応是悲秋涙
涙向客中多
帰時又奈何

山城に続く道には榛《はしばみ》や荊《いばら》ばかりが目につき、空飛ぶ雁《かり》は愁いに沈む人のために止まることもない。どの方角に長安(北京を指す)はあるのだろう、湿っぽい雲が雨を吹きつけて寒さがつのる。そぼ降る雨に心は砕け散ってしまいそうだ。これが悲しい秋の涙というものか。旅の途上では何かにつけて涙ぐんでしまうが、帰り着いた後はいったいまたどうなることだろう。

*作者はこの旅の直前に妻を亡くしたようである。

揚州八怪

ようしゅうはっかい――「怪」物たちの奔放な筆

画家
清

十八世紀の清代、塩商の根拠地として発展した江南の大商業都市揚州《ようしゅう》を舞台に、「揚州八怪《はっかい》」と総称される八人の画家が活躍した。その顔ぶれについては諸説あるが、金農《きんのう》、鄭板橋《ていはんきょう》、李《り》鱓《せん》、黄慎《こうしん》、羅《ら》聘《へい》、李《り》方膺《ほうよう》、汪士《おうし》慎《しん》、高翔《こうしょう》を指す場合が多い。「怪」すなわち型破りな画風で知られる彼らは、生き方においても自由奔放、まさに「怪」と称されるにふさわしい。

「八怪」のリーダー格の金農（一六八七―一七六三。冬心の号で知られる）は中国各地を遍歴したあげく、六十歳を越してから揚州に落ち着き、以後、死に至るまで十数年間、売文・売画で生計を立てた。たまに大金が入ってもすぐ使い果たしてしまうので、いつも素寒貧だったが、どん底暮らしも何のその、金農は興のむくまま筆をふるいつづけた。竹・梅・仏・馬などを題材とするその作品は、金石学の素養を生かした風変わりな書とデッサン風の画がみごとにマッチし、のびやかな躍動感にあふれる独特の世界を現出させている。

「八怪」のうち、金農の愛弟子にあたる羅聘は白昼、幽霊を見る特異感覚の持ち主だった。この特異感覚を生かし、多種多様の幽霊や妖怪変化を活写した「鬼趣《きしゅ》の図」は、異様な迫力にあふれた傑作である。

金農・羅聘師弟をはじめ、「八怪」のメンバーは鄭板橋をのぞいて全員、無位無官の生涯を送った。鄭板橋(一六九三―一七六五。本名は鄭燮《ていしょう》、板橋は号)だけは、長らく揚州で売文・売画生活をつづけたのち、中年に至って科挙に合格、中央官界とは無縁ながら、有能な県知事として十年余り役人生活を送る。しかし、徹頭徹尾、「清官《せいかん》(清廉潔白な官吏)」として生きた鄭板橋は、悪徳役人や強欲な土地の有力者とのいつ果てるともない対立に嫌気がさして辞職、揚州に帰って売文・売画生活に逆もどりした。ときに六十一歳。

鄭板橋が得意としたのは蘭竹画《らんちくが》であり、とりわけ好んで竹を描いた。書の分野では、種々の書体を融合させ、「六分半書」と称する独自の書体を編みだした。彼の作品はこうした書と画が一体となったものにほかならない。年の経過とともに彼の書画の評判はあがる一方、策略を弄して騙《だま》し取ろうとする者まで出てきた。こらえかねた鄭板橋はみずからの書画の値段表を作成、公開した。従来、書画の値段はあってなきがごとく、書家や画家が自立して生きていくのは困難であり、いきおいパトロンをみつけて寄生するしかない。鄭板橋はこうした状況に異議を唱え、敢然と書家や画家の自立宣言をしたのである。

金農や鄭板橋を筆頭とする「八怪」は、明代中期に蘇州《そしゅう》で活躍した「呉中《ごちゅう》の四才《しさい》」の命脈を受け継ぎ、清代中期、揚州を拠点に自立した書家・画家として生きる道を模索した。こうして明から清へ、王朝の交替を超えて、士大夫《したいふ》知識人のなかから少数とはいえ、自由を求め自立を志向する人々がたえまなく出現したことは、特記すべき事実だといえよう。

◆鄭板橋の文より　「板橋《はんきょう》潤格《じゅんかく》」(部分)

大幅六両《たいふくろくりょう》、中幅四両《ちゅうふくよんりょう》、小幅二両《しょうふくにりょう》、条幅対聯一両《じょうふくついれんいちりょう》、扇子《せんす》斗《と》方《ほう》五《ご》銭《せん》。凡《およ》そ礼物食物《れいぶつしょくもつ》を送《おく》るは、総《す》べて白銀《はくぎん》の妙為《みょうた》るに如《し》かず。公《こう》の送《おく》る所《ところ》、未《いま》だ必《かなら》ずしも弟《てい》の好《この》む所《ところ》にあらざればなり。現銀《げんぎん》を送《おく》らば則《すなわ》ち中心《ちゅうしん》より喜楽《きらく》し、書画《しょが》皆《み》な佳《よ》し。

大幅は六両、中幅は四両、小幅は二両、掛軸・対聯は一両、扇子・斗方(一尺四方の字)は五銭。礼物や食糧を贈られるより、白銀(現金)の方が好きです。あなたの贈ってくださる物が、私の好きな物とは限らないからです。現金を贈ってくだされば、私は心からうれしく、書も画もすべてよくなります。

趙翼 ちょうよく——晩成型の才能

文学者・歴史家
清
1727–1812

趙翼《ちょうよく》あざな耘松《うんしょう》(号は甌北《おうほく》)は清代中期における、有数の文学者であり歴史学者である。出身は江蘇《こうそ》省陽湖《ようこ》県。十五歳のとき、私塾教師だった父が死去、長男の趙翼が大黒柱となったが、生活苦に迫られ、乾隆《けんりゅう》十四年(一七四九)二十三歳のとき、都の北京に出た。詩文に熟達していた趙翼は代作や売文で生計をたてるうち文名があがり、高級官僚の劉統勲《りゅうとうくん》の私邸に住み込み文章関係の仕事をするようになる。これで生活が保障され、乾隆十五年、郷試《きょうし》(科挙の地方試験)に合格するが、会試《かいし》(中央試験)になかなか合格できず、五回も落第したあげく、乾隆二十六年にようやく合格した。会試に合格するまで十一年間、趙翼は郷試の主任試験官だった汪由敦《おうゆうとん》の私邸に寄寓する一方、軍機《ぐんき》処《しょ》(政策決定の最高機関)で公用文の草稿を作成したりして生計を立てた。ちなみに、汪家は蔵書が豊富であり、趙翼が歴史家としての基礎を培うのに大いに役立った。

紆余曲折をへたのち、三十五歳で会試に合格、官界入りを果たすが、実はこの合格も不本意なものであった。このとき、趙翼は首席合格者(状元《じょうげん》)だったが、乾隆帝の意向で陝西《せんせい》省出身の第三位合格者と順位を入れ替えられたのである。状元は江南出身者が多く陝西からは一人も出ていないというのが、その理由だった。これがケチのつきはじめで、彼の官僚生活は基本的にうまくゆかなかった。当初六年間、エリート予備軍として翰林院《かんりんいん》に勤務したものの、その後は転々と地方勤務を繰り返し、乾隆三十五年、四十四歳で広東《カントン》の広州府の長官となる。これを最後に、二年後には官界から足を洗い、帰郷するに至る。

趙翼は若いころから詩人として有名であり、当時の大文人袁枚《えんばい》(一七一六―一七九七)とも交遊があった。辞職後、五十歳近くになってから歴史学に重点を置くようになり、代表作『廿二《にじゅうに》史《し》割記《さつき》』(三十六巻)が完成したのはなんと七十歳のときだった。清代中期の歴史学は史実の考証や誤りの訂正を主とする「考証学」が中心であり、各時代の正史を素材とした銭大昕《せんたいきん》(一七二八―一八〇四)の『廿二史考異《こうい》』(百巻)、王鳴盛《おうめいせい》(一七二〇―一七九七)の『十七史商榷《じゅうしちししょうかく》』(百巻)、および趙翼の『廿二史割記』もこの系統に属する大著である。もっとも、趙翼の作品は細かい事物や言葉の考証よりも、各時代の重要な問題や矛盾点をとりあげ、史実を列挙して比較研究しているところに特色があり、読み物としてもすこぶる興趣がある。もともと趙翼には先にとりあげた万斯《ばんし》同《どう》のような系統だった歴史学の素養はなく、文学畑から越境し独学で歴史学者になった人だから、その意味で考証学のきびしいセオリーから自由だったのであろう。
趙翼は地方勤務がつづくうち莫大な資産を蓄積したとおぼしく、後半生は悠然と歴史学にはげみつつ詩作をつづけ、大勢の子孫に囲まれて八十六歳の長寿を保った。貧しかった若き日、さらには官僚としての不遇を補ってあまりある満たされた生涯だったといえよう。

◆趙翼の文より『廿二史《にじゅうにし》劄記《さっき》』「三国之主用人各不同（三国《さんごく》の主《しゅ》　人《ひと》を用《もち》いること各《おの》おの同《おな》じからず）」（部分）

人才《じんさい》は三国《さんごく》より盛《さか》んなるは莫《な》く、亦《ま》た惟《た》だ三国《さんごく》の主《しゅ》のみ各《おの》おの能《よ》く人《ひと》を用《もち》う。故《ゆえ》に衆力《しゅうりょく》相《あ》い扶《ふ》して、以《もっ》て鼎足《ていそく》の勢《せい》を成《な》すを得《え》たり。而《しこう》して其《そ》の用人《ようじん》も亦《ま》た各《おの》おの同《おな》じからざる者有《ものあ》り。大概《たいがい》曹操《そうそう》は権術《けんじゅつ》を以《もっ》て相《あ》い馭《ぎょ》し、劉備《りゅうび》は性情《せいじょう》を以《もっ》て相《あ》い契《ちぎ》り、孫氏《そんし》兄弟《けいてい》は意気《いき》を以《もっ》て相《あ》い投《とう》ず。

人材の輩出という点で三国にまさる時代はなく、また三国の君主たちだけが適材適所ということを心得ていた。それゆえ大勢の協力のもとに、三国鼎立《ていりつ》の形成を作り出すことができたのである。そしてその人の用い方にもそれぞれ異なるところがあった。おおよそ曹操は(冷徹な)権謀術数によって操り、劉備は(理屈を越えた)情の一体感によって契りを結び、孫氏兄弟は(目標に対する)使命感によって合同を果たした。

3　西洋と向き合って——清末・民国初期

林則徐《りんそくじょ》——アヘンを焼いた勇気

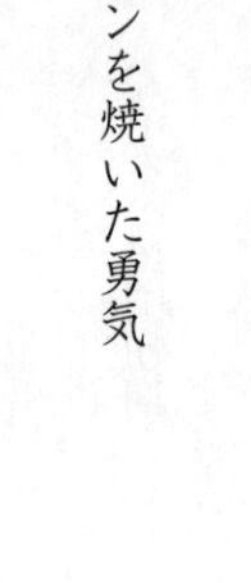

政治家
清末
1785–1850

林則徐《りんそくじょ》あざな少穆《しょうぼく》は、中国がウェスタン・インパクトにさらされた清末の傑出した政治家である。林則徐は福建省《ふくけん》侯官《こうかん》県の出身。父は科挙に合格できなかった貧しい私塾教師だった。父の期待を一身に担い、嘉慶《かけい》十六年（一八一一）、二十七歳で「会試（科挙中央試験）」に合格、「殿《でん》試《し》（皇帝がおこなう最終試験）」にも優秀な成績で合格し、官界入りを果たす。

このころ満州族の清王朝は第四代皇帝の康熙《こうき》帝（一六六一―一七二二在位）、第五代の雍正《ようせい》帝（一七二二―一七三五在位）、第六代の乾隆《けんりゅう》帝（一七三五―一七九六在位）の三代にわたる最盛期がすぎ、下り坂にさしかかっていた。林則徐が最初に仕えた第七代皇帝の嘉慶帝（一七九六―一八二〇在位）の時代に入るや、白蓮《びゃくれん》教徒の反乱をはじめ、民衆反乱が激化し、また黄河が決壊するなど自然災害も頻発して、社会不安はつのる一方だった。

こうした不穏な情勢のなかで、林則徐は順調にエリート官僚としての道を歩み、嘉慶二十五年（一八二〇）、三十六歳で江南道監察御史《かんさつぎょし》として江南に転出したのを皮切りに、第八代皇帝の道光帝《どうこうてい》（一八二〇―一八五〇在位）の時代に入ったあとも、江蘇《こうそ》省を中心とする江南の行政長官を歴任し昇進を重ねた。この間およそ十五年、林則徐は江南の水害対策、漕運《そううん》の合理化、塩政改革等々の難問にとりくみ、清廉潔白な官僚として高い評価をえた。

林則徐の官僚生活は、道光十九年（一八三九）、アヘン問題処理の責任者に任命され、欽差《きんさ》大臣（皇帝の勅使）として広東《カントン》に派遣されたのを機に大転換する。林則徐は緻密な計画と断固たる態度をもって、アヘン商人および背後の英国政府にのぞみ、二万二百箱あまりのアヘンを没収、焼却処分するという快挙を成し遂げた。一方、英国政府はこれに反発して中国派兵を強行、ここにアヘン戦争（一八四〇―一八四二）の火蓋が切って落とされる。

このとき、徹底抗戦を主張する林則徐は、義勇軍を組織して英国軍と果敢に戦った。しかし、おじけづいた北京の朝廷では和平論が優勢となり、彼は道光二十一年（一八四一）ついに罷免《ひめん》され、翌年には辺境のイリ（新疆《しんきょう》ウイグル自治区）に流されてしまう。かくして三年、ようやく故郷にもどり官界からの引退を願うが、それもかなわず、清朝の要請を受けて再出馬する途中、死去するに至る。ときに六十六歳。林則徐は有能な実務家であり行政家であった。彼の時代認識には透徹したものがあり、アヘン戦争において英国と戦うことを主張する反面、英国と対決するためには相手側の事情を把握することが必要だと考え、西洋の新聞・雑誌・書物を収集、翻訳させた。ちなみに、この作業の成果は友人の魏源《ぎげん》(一七九四―一八五七)が著した『海国図志《かいこくずし》』のなかに組み込まれている。西洋の理不尽な圧力に屈服することを拒否した林則徐こそ、西洋文化の長所に着目した最初の近代中国人だったのである。

◆林則徐の文より「擬諭英吉利国王檄(擬《ぎ》して英吉利《イギリス》国王《こくおう》に諭《ゆ》する檄《げき》)」(部分)

且《か》つ聞《き》くならく貴国王《きこくおう》の都《みやこ》する所《ところ》の蘭頓《ロンドン》及《およ》び斯葛蘭《スコットランド》・愛倫《アイルランド》等の処《ところ》は、本《もと》と皆《み》な鴉片《アヘン》を産《さん》せずと。惟《た》だ轄《かつ》する所《ところ》の印度《インド》地《ち》方《ほう》のみ、……山《やま》を連《つら》ねて栽種《さいしゅ》し、池《いけ》を開《ひら》きて製造《せいぞう》し、累月《るいげつ》経年《けいねん》、以《もっ》て其《そ》の毒《どく》を厚《あつ》くすれば、臭穢上達《しゅうあいじょうたつ》して、天怒《てんいか》り神恫《かみいか》る。

しかも聞くところでは貴国王が都を置くロンドンおよびスコットランド・アイルランド等の地には、もともといずれもアヘンを産しないとのこと。ただ支配下に置くインド地方においてのみ、……山を連ねて栽培し、池を掘って製造し、年月を重ねて、その毒性を強めたため、臭くて汚い煙が空高く立ち上り、天帝はいたくお怒りになられたのだ。

厳復《げんふく》――中国・翻訳事始

思想家
清末・民国初
1853–1921

厳復《げんふく》は、次に紹介する大ジャーナリストの梁啓超《りょうけいちょう》、アレクサンドル・デュマの『椿姫』(中国語訳では『巴黎《パリ》茶花女遺事』)の翻訳で知られる林紓《りんじょ》(一八五二―一九二四)とともに、清末・中華民国初期における中国翻訳界の三巨人の一人である。

福建省侯官県の医者の息子だった厳復は、科挙受験をめざし、幼時から先生について伝統的な教育を受けた。しかし、十四歳で父が死去し家が没落したため、奨学金や授業料免除の特典のある福州《ふくしゅう》の造船工場付設の海軍学校に入学し、五年にわたって英語を履修しながら軍艦の操縦を学んだ。卒業後、数年間軍艦に乗り込み航海実習に参加したのち、光緒《こうしょ》三年(一八七七)、二十五歳で英国に留学した。二年間の留学期間中、厳復は専門の海軍技術を習得するかたわら、積極的に西洋の政治制度や思想を学ぶ。こうして若いころ、じかに西洋の雰囲気にふれ異文化を体験したことは、厳復の大きな転換点となった。

もっとも、帰国後十数年の間、厳復は母校の教官を皮切りに、天津《てんしん》に創設された海軍学校の北洋水師学堂校長に就任するなど、もっぱら海軍技術関係の教職を歴任するだけで、これといった著述もなかった。そんな厳復が堰《せき》を切ったように論文を発表し、翻訳に没頭する契機になったのは、光緒二十一年(一八九五)、日清戦争に敗北し、知識人の間に変法《へんぽう》(政治改革)を求める気運が高まったことだった。これに刺激を受けた厳復は西洋思想の紹介に情熱を傾けるようになるが、康有為《こうゆうい》(一八五八—一九二七)や梁啓超のように実際に変法運動に関与することはなかった。彼の名を不朽にした『天演論《てんえんろん》』の翻訳にとりかかったのもこの時期である。

『天演論』はダーウィンの進化論にもとづいて著された、ハクスリーの『進化と倫理』の一部だが、英語に堪能な厳復はこれをすべて自力で翻訳した。この厳復訳『天演論』こそ、中国人がみずからの手で西洋の思想書を翻訳した最初の例である。一八九八年、「適者生存」「物競天択(競争原理)」を説く『天演論』が刊行されるや、爆発的な進化論ブームがわきおこる。ちなみに、この年、「戊戌《ぼじゅつ》の変法」運動が挫折し、主導者の多くは処刑や亡命の憂き目にあったが、実際行動に参加しなかった厳復は難を免れたのだった。

これ以後も、厳復はアダム・スミスの『原富(国富論)』、ミルの『群己権界論(自由論)』など、数多くの名著を翻訳・刊行した。ただ、厳復は西洋思想の先駆的紹介者として大きな役割を演じたものの、翻訳の文体は「雅（優雅）」であるべきだという信念にもとづき、「古文（古典的文言）」のスタイルで訳したために、その翻訳はすこぶる難解だった。それかあらぬか、晩年の厳復は、梁啓超がきわどい政治的綱渡りをしつつも現実感覚を失わず、平明な文体で大量の文章を書きつづけたのとは対照的に、完全に保守反動化し時代の動きから取り残されてしまった。文体の古さは意識の古さにつながるというべきであろうか。

◆厳復の文より　「天演論《てんえんろん》訳例言」（部分）

訳事《やくじ》に三難《さんなん》あり、信《しん》・達《たつ》・雅《が》。

翻訳には三つの困難があり、信（原文に忠実であること）・達（訳文が明快であること）・雅（措辞《そじ》が優雅であること）がそれである。

梁啓超 りょうけいちょう――天性のジャーナリスト

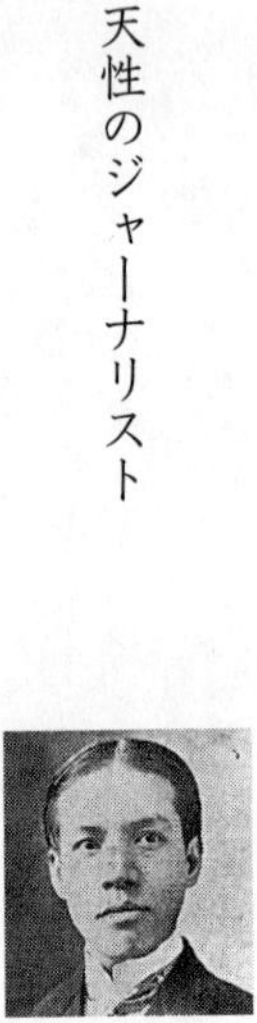

文章家・ジャーナリスト
清末・民国初
1873–1929

梁啓超《りょうけいちょう》(号は飲冰室《いんぴょうしつ》主人など)は清末から中華民国初期にかけて活躍した大ジャーナリストである。広東省新会《しんかい》県の旧家に生まれた彼は、幼くして神童の誉れ高く、光緒《こうしょ》十五年(一八八九)、十七歳の若さで郷試《きょうし》(科挙の地方試験)に合格した。彼を大きく変えたのは一八九〇年、当時、急激な改革論者だった康有為《こうゆうい》に師事し、新しい学問方法や西欧に関する知識を学んだことだった。

一八九五年、日清戦争に敗北したことによって知識人の間に危機感が高まり、康有為は北京にいた挙人《きょじん》(郷試に合格し、最終試験の会試《かいし》の受験資格をもつ者)千二百人によびかけ連名で、光緒帝に上書し変法《へんぽう》(政治改革)の必要を訴えようとした。梁啓超も名を連ね、康有為を輔佐《ほさ》して奔走した。翌九六年、上海に行き、『時務報《じむほう》』(旬刊つまり十日ごとに発行)を発刊、梁啓超は編集を担当する一方、変法の必要を説く文章を次々に発表した。彼のジャーナリスティックな才能が功を奏し、『時務報』の発行部数はたちまち一万部を突破したのだった。

一八九八年、康有為ら改革派知識人は光緒帝のもとに結集し、政治・経済・社会機構の抜本的改革を図った。いわゆる「戊戌《ぼじゅつ》の変法」運動である。梁啓超もこれに参加し大いに力を尽くすが、この運動は西太后《せいたいこう》の率いる保守派の巻き返しにより、わずか三か月余りで圧殺された。このとき、梁啓超の友人譚嗣同《たんしどう》は処刑され、梁啓超自身はかろうじて日本への亡命を果たした。このとき梁啓超の首には十万両の賞金がかけられていたという。

日本に亡命後、梁啓超は『清議報《せいぎほう》』を発刊して改革運動の宣伝につとめながら、日本語を速習し、何種類もの西洋の小説を日本語から重訳した。その後、ハワイやオーストラリアに渡って華僑の組織化を試みたのち、一九〇二年に日本にもどり、以後、『新民叢報《そうほう》』『新小説』『政論』『国風報』などを続々と創刊し、立憲君主主義ひいては開明専制(開明的な君主による専制)を唱えて論陣を張り、孫文《そんぶん》らの革命派とはげしい論戦を繰り広げた。

辛亥《しんがい》革命によって清が滅亡した翌年、一九一二年、十三年に及んだ亡命生活を終えて帰国、以後は袁世凱《えんせいがい》体制さらには段祺瑞《だんきずい》体制のもとで要職を歴任する。かくして、一九一九年、ヨーロッパ各国を歴訪、その翌年には政界を引退し、『清代学術概論』をはじめ、独自な視点から著した大作を次々に発表する。こうして生涯の総決算をおこなったのち、一九二九年、めげることなく荒波を乗り切ってきた波乱万丈の生涯を閉じる。ときに五十七歳。

清末から民国初期の転換期を生きた梁啓超は鋭敏な現実感覚の持ち主であり、多種多様の分野に関心をもつ天性のジャーナリストだった。梁啓超の息子には建築学、考古学、航空工学など、新分野の専門家になった者がいる。彼らの進路選択は父梁啓超の示唆によるところ大であり、こんなところにも時代の変化を見抜く梁啓超の鋭いセンスがうかがえる。

◆梁啓超の詩より「志未酬（志《こころざし》未《いま》だ酬《むく》われず）」（部分）

成《な》すこと少許《しょうきょ》と雖《いえど》も　　雖成少許
敢《あ》えて自《みずか》ら軽《かろ》んぜず　　不敢自軽
少許有《しょうきょあ》らざれば　　不有少許兮
多許《たきょ》　奚《なに》に自《よ》りてか生《しょう》ぜん　　多許奚自生

やり遂げたことが「ちょっぴり」だからといって、自己卑下しようとは思わない。「ちょっぴり」がなければ、「たっぷり」はどこからも生まれてこないではないか。

秋瑾《しゅうきん》——勇猛果敢なフェミニスト

革命家
清末
1875–1907

清末の革命家秋瑾《しゅうきん》あざな璿卿《せんけい》（号は鑑湖女俠《かんこじょきょう》など）は浙江《せっこう》省紹興《しょうこう》市の出身。祖父や父が挙人《きょじん》の資格で地方長官となったため、少女時代の秋瑾は廈門《アモイ》、台湾、湖南《こなん》など各地に移り住む。一八九六年、二十二歳のとき、親の意向で湖南の富豪の息子王廷鈞《おうていきん》と結婚、三年後の一八九九年、夫が官職を買い取ったため、北京に転居する。北京での生活はお嬢さん育ちの秋瑾を大きく変えた。

彼女が北京に移る前年の一八九八年、前述した康有為《こうゆうい》ら改革派の「戊戌《ぼじゅつ》の変法《へんぽう》」運動が鎮圧され、北京に移った翌年の一九〇〇年には、外国勢力との対決をめざす「義和団《ぎわだん》運動」がおこるなど、騒然たる状況のなかで、秋瑾は政治意識の高い呉芝瑛《ごしえい》なる女性と知り合い、大いに啓発された。一方、夫の王廷鈞は箸にも棒にもかからない金持ちのドラ息子であり、愛想をつかした彼女は離別を決意するに至る。かくして一九〇四年、秋瑾は八歳の長男をのこし、二歳の長女だけ連れて、日本に留学する(まもなく長女は付き添いの女性とともに帰国)。

日本語を学んだあと、実践女学校に通学しつつ、政治集会に参加して陶成章《とうせいしょう》や徐錫麟《じょせきりん》など多くの革命家と知り合い、浙江出身者を核とする革命的秘密結社「光復会《こうふくかい》」、および孫文《そんぶん》の率いる「同盟会」のメンバーとなる。天性のアジテーターである秋瑾が日本刀をひっさげて壇上に登り、異民族王朝清を痛烈に非難する姿には鬼気迫るものがあったという。

一九〇六年、帰国。呉興《ごこう》県(浙江省)の女学校教師となるが、革命思想を宣伝すると非難され、わずか二か月で辞職、上海に移って女性雑誌「中国女報」を創刊する。秋瑾は革命家であると同時に、少女時代から騎馬や武術をマスターし、北京時代から好んで男装するなど、果敢に女性としての限界づけに挑戦してきた筋金入りのフェミニストでもあった。翌一九〇七年、故郷の紹興にもどり、「光復会」の中心人物である徐錫麟らが創設した大通体育学堂の校長となり、ここを拠点に徐錫麟と密に連携して軍事蜂起の準備をすすめる。しかし、この年七月六日、安《あん》慶《けい》(安徽《あんき》省)で徐錫麟らが蜂起、安徽巡撫《じゅんぶ》(総督)を刺殺したものの、蜂起じたいは失敗し、徐錫麟らは清軍に包囲され討ち死にしてしまう。

この結果、秋瑾の蜂起計画も発覚し、一週間後の七月十三日に逮捕され、翌日未明に処刑された。このとき、秋瑾は「秋風秋雨《しゅうふうしゅうう》 人を愁殺《しゅうさつ》す」というあまりにも有名な一句をのこし、平然と刑に服したのだった。ときに三十三歳。同郷人の魯迅《ろじん》の短篇小説「薬」は、この秋瑾の処刑にまつわる事件を描いた作品にほかならない。秋瑾は外国勢力によって半植民地化された清末の状況に憤《いきどお》りを発し、否定の化身となってはげしく抗い、短い生涯を燃焼しつくした。けっして妥協しないその生の軌跡は、先にとりあげた四人の女性、謝道蘊《しゃどううん》（本書五五頁）、魚玄機《ぎょげんき》（八一頁）、李清照《りせいしょう》（一〇五頁）、柳如是《りゅうにょぜ》（一五四頁）と深いところで通底するものといえよう。

◆秋瑾の詩より　「宝刀歌《ほうとうか》」（部分）

白鬼《はくき》　西《にし》より来《きた》りて　警鐘《けいしょう》を做《な》し
漢人《かんじん》　驚破《きょうは》す　奴才《どさい》の夢《ゆめ》
主人《しゅじん》　我《わ》れに贈《おく》る　金錯刀《きんさくとう》
我《わ》れ　今《いま》　此《こ》れを得《え》て　心雄豪《こころゆうごう》たり

白鬼西来做警鐘
漢人驚破奴才夢
主人贈我金錯刀
我今得此心雄豪

白人どもが西からやって来て警鐘を鳴らし、漢人は（満州人の）奴隷に甘んじる夢から目覚めさせられた。主人は私に黄金作りの刀を贈ってくれ、それを手にした私は今や英雄の気概に満ちあふれる。

魯迅

ろじん——転換期のただなかで

文章家
民国初
1881-1936

魯《ろ》迅《じん》（本名は周樹人《しゅうじゅじん》）は浙江《せっこう》省紹興《しょうこう》市の出身。彼は幼くして生家が没落し、人の心の裏表を骨身に徹して知る経験をする。十八歳で南京にあった理系の学校に入学、四年間をすごす。この間、厳復《げんふく》が訳した『天演論』などを読み、進化論をはじめ新しい思想にふれる。一九〇二年、東京に留学し、日本語を学びながら、ヴェルヌの科学小説『月界旅行』『地底旅行』を翻訳する。一九〇四年、仙台の医学校に入学するが、文学に進路を変える決意をかため、二年後に退学して一時帰国する。その後、ふたたび東京にもどり、革命派のリーダー章炳麟《しょうへいりん》と出会い、深い影響をうける。

一九〇九年に帰国、教師生活を送るうち、一九一一年、辛亥《しんがい》革命がおこる。翌一二年、魯迅は招かれて、成立したての中華民国の教育部スタッフとなるが、袁世凱《えんせいがい》ら軍閥が主導権を争う混乱した政治状況に失望し、古典研究に没頭する日々を送る。しかし、一九一八年、文学革命運動がおこると、白話《はくわ》小説「狂人日記」を発表、以後二一年まで、「故郷」「阿Q正伝」など、堰《せき》を切ったように初期の傑作を著す。

一九二〇年秋から二六年夏まで、魯迅は北京大学ついで北京女子師範大学の講師をつとめ、中国小説史を講じる一方、「祝福」をはじめとする短篇小説や散文詩を執筆・発表した。この間、二五年に北京女師大で学園闘争が火を吹き、学生処分に反対する魯迅は処分派の論者と大論争を展開、これを機に彼は雑文(論争文)に力をそそぐようになる。さらに一九二六年には「三・一八事件」が勃発し、北京女師大の教え子劉和珍《りゅうかちん》を含む四十七名が段祺瑞《だんきずい》政府の軍隊に射殺される大惨事となる。

この事件に衝撃をうけた魯迅は北京を離れ、廈門《アモイ》大学に教授として赴任するが、半年たらずで辞職し、北京女師大の教え子許広平《きょこうへい》のいる広東《カントン》に向かう。ちなみに、魯迅には母のきめた形だけの妻がいたが、許広平との出会いによってはじめて最良の理解者を得たのだった。魯迅と許広平の往復書簡集『両地書《りょうちしょ》』は、まさに恋愛文学の傑作といってよい。

一九二七年から三六年に五十六歳で病没するまで、魯迅は許広平とともに上海に居住した。上海の魯迅は二度と教職につこうとせず、フリーの文学者・思想家・論争家として、毒舌のレトリックを駆使した雑文をやつぎばやに発表し、多岐にわたる論敵にきびしい攻撃を加えつづけた。魯迅は生涯において、三冊の小説集、十七冊の雑文集、散文詩集一冊、回想記一冊を刊行したほか、『中国小説史略』をはじめとする研究書や論文、さらには膨大な翻訳をのこした。このなかで、圧倒的な量にのぼるのはいうまでもなく雑文集である。このおびただしい雑文のなかには、古典学者・小説家として大成する道を棄て、論争の現場に身をさらしながら、転換期を闘いぬいた魯迅の生の痕跡があざやかに刻印されている。

◆魯迅の文より「諺語《げんご》」(部分)

主子《あるじ》と做《な》りし時《とき》に一切《いっさい》の別人《べつじん》を以《もっ》て奴才《どさい》と為《な》さば、則《すなわ》ち主子《あるじ》を有《ゆう》したるや、一定《かならず》奴才《どさい》を以《もっ》て自《みずか》ら命《めい》ず。這《こ》れ是《こ》れ天経地義《てんけいちぎ》にして、動揺《どうよう》す可《べ》き無《な》きものなり。所以《ゆえ》に圧制《あっせい》せられし時《とき》、「各人《かくじん》自《みずか》ら門前《もんぜん》の雪《ゆき》を掃《はら》い、他家《たか》の瓦上《がじょう》の霜《しも》に管《かか》わる莫《な》かれ」なる格言《かくげん》を信奉《しんぽう》したる人物《じんぶつ》は、一旦《いったん》勢《いきお》いを得《え》て、以《もっ》て人《ひと》を凌《しの》ぐに足《た》る時候《とき》、他《かれ》の行為《こうい》は就《すなわ》ち截然《せつぜん》と同《おな》じからず、変《へん》じて「各人《かくじん》門前《もんぜん》の雪《ゆき》を掃《はら》わず、却《かえ》って他家《たか》の瓦上《がじょう》の霜《しも》に管《かか》わる」と為《な》れり。

主人となったときに他人をすべて奴隷として扱う者は、主人を持ったとたん、必ずみずから進んで奴隷の地位に甘んじる。これは天経地義(万古不易の道理)であって、動かしようがない。それゆえ抑圧されているときに、「めいめいわが家の門前の雪を掃うことにつとめ、他人の家の屋根の霜に口出しするな」という格言を信奉していた人物が、ひとたび権勢を得て、人より高い地位に立つと、彼のふるまいはたちまちガラリと変わり、「めいめい門前の雪を掃わず、かえって他人の家の屋根の霜に口出しする」ということになってしまうのである。

あとがき

本書は、春秋時代から近代まで、約二五〇〇年におよぶ中国史のなかに出現した、異色の才能をもつ五十六人を時代順にとりあげ、その曲折に富む生涯をたどったものである。

五十六人の奇人・異才のうちわけは芸術家あり思想家あり政治家ありと、多岐にわたる。本書ではこの多彩な人物群像を、中国史の流れに合わせて、第一章の「古代帝国の盛衰」、第二章の「統一王朝の興亡」、第三章の「近代への跳躍」の、三章に区分して記述した。このようなかたちで、個々人の生の軌跡をたどりつつ、長いスパンで中国史の流れを具体的に浮き彫りにすることができればと、願うものである。

五十六人の小伝を描くために、彼らの伝記を記した正史はいうまでもなく、さまざまな歴史文献や資料にあたり、また、彼ら自身が著した詩文や随筆を読み、その書や画をじっくり見た。そのうえで、彼らの生の精髄をなんとか簡潔に浮かびあがらせたいと、一人一人と向きあいながら書き進めてきた。こうして書き記した、世にも稀なる五十六人の奇人・異才の生涯は現れ方こそちがえ、それぞれ圧倒的な迫力に満ち満ちている。本書が、それぞれの小伝のあとに付した、彼ら自身の作品(詩文・随筆・書・画など)の引用とあわせて、そんな彼らのいきいきした魅力を少しでも伝えることができれば、これにまさる喜びはない。

本書は、もともと「中日新聞」「東京新聞」(いずれも夕刊)などに、『中国異才列伝』というタイトルで、二〇〇四年十月十二日から十二月二十八日まで、月曜から金曜まで毎日、計五十三回にわたって連載したものである。今回、一冊の本としてまとめるにあたり、三篇(班超《はんちょう》・趙孟頫《ちょうもうふ》・陶宗儀《とうそうぎ》)を書き足し、掲載の順序を変更し、各篇のあとに、それぞれ対象とする人物自身の作品を引用・紹介するなど、大幅な加筆・修正をほどこした。

本書が完成するまで、多くのかたのお世話になった。連載中には、中日新聞文化部の林寛子さんと飯塚幸男さんにきめこまかな配慮をいただき、ほんとうにお世話になった。ここに心からお礼申し上げたいと思う。

出版にさいしては、岩波新書編集部の古川義子さんにたいへんお世話になった。古川さんは、愛をこめて本書に登場する人物群像をみごとに編集構成し、楽しい本に仕上げてくださった。

また、『三国志演義』(岩波新書)以来、十数年のおつきあいになる岩波書店の井上一夫さんは、今回も鋭い指摘やヒントを与えてくださった。古川さん、井上さん、ほんとうにありがとうございました。

二〇〇五年一月

井波律子

参考文献（日本語で読める本）

孔子　『論語』岩波文庫、一九六三年
『論語』（中国古典選2・3）朝日新聞社、一九六五・六六年
『論語』ちくま文庫、一九八五年
荘子　『荘子』全四冊、岩波文庫、一九七一〜八三年
『荘子』（中国古典選7〜9）朝日新聞社、一九六六・六七年
商鞅　『史記』第五冊、ちくま学芸文庫、一九九五年
『史記列伝』第一冊、岩波文庫、一九七五年
始皇帝　『史記』第一冊、ちくま学芸文庫、一九九五年
吉川忠夫『秦の始皇帝――焚書坑儒を好しとして』（中国の英傑1）集英社、一九八六年
漢高祖　『史記』第一冊、ちくま学芸文庫、一九九五年
『漢書』第一冊、ちくま学芸文庫、一九九七年
司馬相如　『史記』第七冊、ちくま学芸文庫、一九九五年
『史記列伝』第四冊、岩波文庫、一九七五年

参考文献

司馬遷
『漢書』第五冊、ちくま学芸文庫、一九九八年
『史記』第八冊、ちくま学芸文庫、一九九五年
『史記列伝』第五冊、岩波文庫、一九七五年
『漢書』第五冊、ちくま学芸文庫、一九九八年
武田泰淳『司馬遷——史記の世界』講談社文芸文庫、一九九七年
川勝義雄『中国人の歴史意識』平凡社ライブラリー、一九九三年

班超
『後漢書』第六冊、岩波書店、二〇〇三年

曹操
『三国志』第一冊、ちくま学芸文庫、一九九二年
吉川幸次郎『三国志実録』ちくま学芸文庫、一九九七年
井波律子『『三国志』を読む』岩波セミナーブックス91、二〇〇四年

華佗
『三国志』第四冊、ちくま学芸文庫、一九九三年
山田慶兒『中国医学はいかにつくられたか』岩波新書、一九九九年

諸葛亮
『三国志』第五冊、ちくま学芸文庫、一九九三年
井波律子『『三国志』を読む』岩波セミナーブックス91、二〇〇四年

竹林七賢
『世説新語』(世界文学大系71)筑摩書房、一九六四年
『世説新語』(中国古典文学大系9)平凡社、一九六九年
吉川幸次郎『阮籍の「詠懐詩」について』岩波文庫、一九八一年

吉川忠夫『魏晋清談集』講談社、一九八六年
井波律子『中国人の機智――『世説新語』を中心として』中公新書、一九八三年
杜預
川勝義雄『史学論集』(中国文明選12)朝日新聞社、一九七三年
王導
『世説新語』(中国古典文学大系9)平凡社、一九六九年
『世説新語』(世界文学大系71)筑摩書房、一九六四年
川勝義雄『魏晋南北朝』講談社学術文庫、二〇〇三年
王羲之
『世説新語』(世界文学大系71)筑摩書房、一九六四年
『世説新語』(中国古典文学大系9)平凡社、一九六九年
『中国書道全集』2、平凡社、一九八六年
長尾雨山『中国書画話』筑摩叢書27、一九六五年
吉川忠夫『王羲之・六朝貴族の世界』清水書院、一九八四年
謝道蘊
『世説新語』(世界文学大系71)筑摩書房、一九六四年
『世説新語』(中国古典文学大系9)平凡社、一九六九年
井波律子「貴族の娘――謝道蘊」(『破壊の女神』)新書館、一九九六年
顧愷之
『世説新語』(世界文学大系71)筑摩書房、一九六四年
『世説新語』(中国古典文学大系9)平凡社、一九六九年
張彦遠『歴代名画記』第一冊(東洋文庫)平凡社、一九七七年

参考文献

陶淵明

内藤湖南『支那絵画史』(『内藤湖南全集』13)筑摩書房、一九七三年
『陶淵明』(中国詩人選集4)岩波書店、一九五八年
『陶淵明詩解』(東洋文庫)平凡社、一九九一年
吉川幸次郎『陶淵明伝』中公文庫、一九八九年
吉川忠夫『劉裕——江南の英雄 宋の武帝』中公文庫、一九八九年
井波律子『中国の隠者』文春新書、二〇〇一年

顔之推

『顔氏家訓』全二冊(東洋文庫)平凡社、一九八九・九〇年
川勝義雄『魏晋南北朝』講談社学術文庫、二〇〇三年
吉川忠夫『侯景の乱始末記——南朝貴族社会の命運』中公新書、一九七四年
井波律子『中国文章家列伝』岩波新書、二〇〇〇年

則天武后

外山軍治『則天武后——女性と権力』中公新書、一九六六年
気賀沢保規『則天武后』(中国歴史人物選4)白帝社、一九九五年
井波律子「北朝の女たち——孤独皇后から則天武后へ」(『破壊の女神』)新書館、一九九六年

李白

『李白』(中国詩人選集7・8)岩波書店、一九五七・五八年
『李白』(漢詩大系8)集英社、一九六五年
『李白』(世界古典文学全集27)筑摩書房、一九七二年
『李白詩選』岩波文庫、一九九七年

顔真卿
井波律子『中国の隠者』文春新書、二〇〇一年
『中国書道全集』4、平凡社、一九八七年
青木正児「顔真卿の書学」(『青木正児全集』7)春秋社、一九七〇年
外山軍治『顔真卿――剛直の生涯』創元社、一九六四年
白居易
『白居易』(中国詩人選集12・13)岩波書店、一九五八年
『白楽天詩集』平凡社ライブラリー、一九九八年
魚玄機
『魚玄機・薛濤』(漢詩大系15)集英社、一九六四年
森鷗外「魚玄機」(『森鷗外全集』5)ちくま文庫、一九九五年
井波律子「悲劇の女詩人」(『破壊の女神』)新書館、一九九六年
馮道
礪波護『馮道――乱世の宰相』中公文庫、一九八八年
李煜
『李煜』(中国詩人選集16)岩波書店、一九五九年
林逋
『和靖先生詩集』(『和刻本漢詩集成』11)汲古書院、一九七五年
吉川幸次郎『宋詩概説』(中国詩人選集二集1)岩波書店、一九六二年
井波律子『中国の隠者』文春新書、二〇〇一年
王安石
『王安石』(中国詩人選集二集4)岩波書店、一九六二年
宮崎市定『中国政治論集』(『宮崎市定全集』別巻)岩波書店、一九九三年
佐伯富『王安石』中公文庫、一九九〇年

沈括　『夢渓筆談』全三冊（東洋文庫）平凡社、一九七八〜一九八一年

徽宗　内藤湖南『支那近世史』（『内藤湖南全集』10）筑摩書房、一九六九年
『徽宗とその時代』（アジア遊学64）勉誠出版、二〇〇四年

李清照　『宋代詞集』（中国古典文学大系20）平凡社、一九七〇年
『歴代名詞選』（漢詩大系24）集英社、一九六五年
井波律子「悲劇の女詩人」（『破壊の女神』）新書館、一九九六年

辛棄疾　『宋代詞集』（中国古典文学大系20）平凡社、一九七〇年
『歴代名詞選』（漢詩大系24）集英社、一九六五年

趙孟頫　吉川幸次郎『元明詩概説』（中国詩人選集二集2）岩波書店、一九六三年
幸田露伴『幽情記』「泥人」（『露伴随筆』3）岩波書店、一九八三年

陶宗儀　『輟耕録』（『和刻本漢籍随筆集』2）汲古書院、一九七二年

鄭和　寺田隆信『永楽帝』中公文庫、一九九七年
宮崎正勝『鄭和の南海大遠征——永楽帝の世界秩序再編』中公新書、一九九七年
L・E・リヴァシーズ『中国が海を支配したとき——鄭和とその時代』新書館、一九九六年

沈周　青木正児「明代蘇州の文苑」（『青木正児全集』7）春秋社、一九七〇年
吉川幸次郎『元明詩概説』（中国詩人選集二集2）岩波書店、一九六三年
内藤湖南『支那絵画史』（『内藤湖南全集』13）筑摩書房、一九七三年

王陽明　『伝習録』岩波文庫、一九三六年
島田虔次『朱子学と陽明学』岩波新書、一九六七年
島田虔次『王陽明集』(中国文明選6)朝日新聞社、一九七五年
徐光啓　平川祐弘『マッテオ・リッチ伝』全三冊(東洋文庫)平凡社、一九六九〜一九九七年
李卓吾　島田虔次『中国における近代思惟の挫折』全二冊(東洋文庫)平凡社、二〇〇三年
馮夢龍　『笑府』全二冊、岩波文庫、一九八三年
井波律子『中国のグロテスク・リアリズム』中公文庫、一九九九年
井波律子「明末通俗文学の旗手——馮夢龍について」(『中国的大快楽主義』)作品社、一九九八年
大木康『馮夢龍『山歌』の研究——中国明代の通俗歌謡』勁草書房、二〇〇三年
抱甕老人編『今古奇観』全五冊(東洋文庫)平凡社、一九六五〜一九七五年
余懐　『板橋雑記・蘇州画舫録』(東洋文庫)平凡社、一九六四年
張岱　『陶庵夢憶』岩波文庫、一九八一年
井波律子「中国のアウトサイダー——張岱について」(『中国のアウトサイダー』)筑摩書房、一九九三年
柳敬亭　井波律子「政局を動かした講釈師——柳敬亭の生涯」(『中国文学の愉しき世界』)岩波書店、二〇〇二年

参考文献

柳如是　井波律子「柳如是——明末のパトス」(『破壊の女神』)新書館、一九九六年
八大山人　『八大山人』(『文人画粋編』6)中央公論社、一九七七年
小林富司夫『八大山人——生涯と芸術』木耳社、一九八二年
毛晋　井波律子『中国の隠者』文春新書、二〇〇一年
井上進『中国出版文化史——書物世界と知の風景』名古屋大学出版会、二〇〇二年
納蘭性徳　『中国悲曲飲水詞』西田書店、一九八五年
『中国名詞選』(新釈漢文大系84)明治書院、一九七五年
孔尚任　『桃花扇』(中国古典文学大系53『戯曲集』下)平凡社、一九七一年
青木正児「揚州に在りし日の孔尚任」(『青木正児全集』2)春秋社、一九七〇年
万斯同　内藤湖南『支那史学史』(『内藤湖南全集』11)筑摩書房、一九六九年
揚州八怪　青木正児『金冬心之芸術』(『青木正児全集』6)春秋社、一九六九年
井波律子『中国文章家列伝』岩波新書、二〇〇〇年
趙翼　内藤湖南『支那史学史』(『内藤湖南全集』11)筑摩書房、一九六九年
林則徐　矢野仁一『アヘン戦争と香港——支那外交とイギリス　その1』中公文庫、一九九〇年
堀川哲男『林則徐——清末の官僚とアヘン戦争』中公文庫、一九九七年
井上裕正『林則徐』(中国歴史人物選12)白帝社、一九九四年
『清末民国初政治評論集』(中国古典文学大系58)平凡社、一九七一年

厳復　B・I・シュウォルツ『中国の近代化と知識人――厳復と西洋』東京大学出版会、一九七八年
『清末民国初政治評論集』(中国古典文学大系58)平凡社、一九七一年
梁啓超　『梁啓超年譜長編』全五巻、岩波書店、二〇〇四年
『清代学術概論――中国のルネッサンス』(東洋文庫)平凡社、一九七四年
狭間直樹編『共同研究　梁啓超――西洋近代思想受容と明治日本』みすず書房、一九九九年
『清末民国初政治評論集』(中国古典文学大系58)平凡社、一九七一年
秋瑾　武田泰淳「秋風秋雨人を愁殺す」(『武田泰淳全集』9)筑摩書房、一九七二年
魯迅　『魯迅全集』全二十巻、学習研究社、一九八四～八六年
『魯迅選集』全十三巻、岩波書店、一九五六年
『魯迅文集』全六巻、筑摩書房、一九七六～七八年
『魯迅評論集』岩波文庫、一九八一年
竹内好『魯迅』講談社文芸文庫、一九九四年

人名索引

グループの総称を含む．括弧内は，別称，もしくは皇帝の場合在位の王朝名．＊印は項目として取り上げた人物をあらわし，太字の数字でその項目の頁数を示した．

井波律子

1944年富山県に生まれる
1966年京都大学文学部卒業
1972年同大学院博士課程修了，国際日本文化研究センター教授を経て
現在一国際日本文化研究センター名誉教授
専攻一中国文学
著書一『三国志名言集』『中国名言集 一日一言』『中国文学の愉しき世界』(岩波書店)
『三国志演義』『中国の五大小説』上下(岩波新書)
『三国志曼荼羅』(岩波現代文庫)
『故事成句でたどる楽しい中国史』(岩波ジュニア新書)
『トリックスター群像』(筑摩書房)
『中国人の機智』(講談社学術文庫)ほか多数
訳書一『三国志演義』全7巻(ちくま文庫)，ほか

奇人と異才の中国史　岩波新書(新赤版)934

2005年2月18日　第1刷発行
2010年4月5日　第9刷発行

著者　井波律子《いなみりつこ》

発行者　山口昭男

発行所　株式会社 岩波書店
〒101-8002 東京都千代田区一ツ橋 2-5-5
案内 03-5210-4000　販売部 03-5210-4111
http://www.iwanami.co.jp/

新書編集部 03-5210-4054
http://www.iwanamishinsho.com/

印刷・理想社　カバー・半七印刷　製本・中永製本

ISBN 4-00-430934-4　Printed in Japan

岩波新書新赤版一〇〇〇点に際して

ひとつの時代が終わったと言われて久しい。だが、その先にいかなる時代を展望するのか、私たちはその輪郭すら描きえていない。二〇世紀から持ち越した課題の多くは、未だ解決の緒を見つけることのできないままであり、二一世紀が新たに招きよせた問題も少なくない。グローバル資本主義の浸透、憎悪の連鎖、暴力の応酬——世界は混沌として深い不安の只中にある。

現代社会においては変化が常態となり、速さと新しさに絶対的な価値が与えられた。消費社会の深化と情報技術の革命は、種々の境界を無くし、人々の生活やコミュニケーションの様式を根底から変容させてきた。ライフスタイルは多様化し、一面では個人の生き方をそれぞれが選びとる時代が始まっている。同時に、新たな格差が生まれ、様々な次元での亀裂や分断が深まっている。社会や歴史に対する意識が揺らぎ、普遍的な理念に対する根本的な懐疑や、現実を変えることへの無力感がひそかに根を張りつつある。そして生きることに誰もが困難を覚える時代が到来している。

しかし、日常生活のそれぞれの場で、自由と民主主義を獲得し実践することを通じて、私たち自身がそうした閉塞を乗り超え、希望の時代の幕開けを告げてゆくことは不可能ではあるまい。そのために、いま求められていること——それは、個と個の間で開かれた対話を積み重ねながら、人間らしく生きることの条件について一人ひとりが粘り強く思考することではないか。その営みの糧となるものが、教養に外ならないと私たちは考える。歴史とは何か、よく生きるとはいかなることか、世界そして人間はどこへ向かうべきなのか——こうした根源的な問いとの格闘が、文化と知の厚みを作り出し、個人と社会を支える基盤としての教養となった。まさにそのような教養への道案内こそ、岩波新書が創刊以来、追求してきたことである。

岩波新書は、日中戦争下の一九三八年一一月に赤版として創刊された。創刊の辞は、道義の精神に則らない日本の行動を憂慮し、批判的精神と良心的行動の欠如を戒めつつ、現代人の現代的教養を刊行の目的とする、と謳っている。以後、青版、黄版、新赤版と装いを改めながら、合計二五〇〇点余りを世に問うてきた。そして、いままた新赤版が一〇〇〇点を迎えたのを機に、人間の理性と良心への信頼を再確認し、それに裏打ちされた文化を培っていく決意を込めて、新しい装丁のもとに再出発したいと思う。一冊一冊から吹き出す新風が一人でも多くの読者の許に届くこと、そして希望ある時代への想像力を豊かにかき立てることを切に願う。

（二〇〇六年四月）